: 작은 삶의
둘레길 3

작은 삶의 둘레길 3

ⓒ 김준, 2025

초판 1쇄 발행 2025년 6월 16일

지은이	김준
펴낸이	이기봉
편집	좋은땅 편집팀
펴낸곳	도서출판 좋은땅
주소	서울특별시 마포구 양화로12길 26 지월드빌딩 (서교동 395-7)
전화	02)374-8616~7
팩스	02)374-8614
이메일	gworldbook@naver.com
홈페이지	www.g-world.co.kr

ISBN 979-11-388-4353-9 (03810)

- 가격은 뒤표지에 있습니다.
- 이 책은 저작권법에 의하여 보호를 받는 저작물이므로 무단 전재와 복제를 금합니다.
- 파본은 구입하신 서점에서 교환해 드립니다.

작은 삶의 둘레길 3

김준 에세이

우리가 매일 살아가는 과정에서 삶의 참된 가치를 얻기 위해
최선을 다하되, 진정한 만족을 평범한 일상 속에서 찾는다면,
분명 그 속에도 참맛이 담겨 있음을 확신해 본다. - 〈삶의 참맛〉 중에서

좋은땅

서문
작은 삶의 둘레길 3

챗GPT를 일부 활용하여 나의 "작은 삶의 둘레길"을 돌아본다.

다양한 가치를 제공해 주는 많은 정보들은 또 다른 내 삶의 모습을 반추하게 한다.

정보의 홍수 시대라고들 하는데 넘치는 그 물결 속에서, 작은 진실을 찾으려 노력하는 모습만으로도 보석 같은 삶을 풍요롭게 만들 수 있다.

많은 도전 속에서 살아가는 오늘도 진실한 삶의 모습이 어떤 과정을 거쳐 만들어질지 모르지만, 그 도전과 삶의 모습은 분명 내가 원하는 지혜로운 삶으로 이어지리라 믿고 싶다.

이제는 이미 나의 한구석을 차지해 버린 정보화의 물결을 기꺼이 받아들이고 누리면서, 이것 또한 나의 거울이 되고 자양분이 되어 함께 삶을 영위해 가리라 본다.

시간, 시간 밀려오는 파도 같은 삶 속에서 나는 롤링과 피칭에 맞서는 인생 항해사가 되어, 오늘도 열심히 "작은 삶의 둘레길"을 한 걸음씩 내디디며 그리고 앞으로도 꾸준히 걸어갈 것이다.

* 챗GPT(ChatGPT): Open AI가 개발한 대화 전문 인공지능 챗봇.

목차

서문_작은 삶의 둘레길 3   4

1. 행복과 불행   11
2. 미래도 금방 과거   14
3. 그냥 살기   16
4. 기대와 설렘   18
5. 삶의 지혜   20
6. 나의 구원자   22
7. 맞잡은 손의 희망   25
8. 사랑의 그림자   27
9. 가슴 설레는 사랑   29
10. 참 좋은 사람   31
11. 행복의 소리   33
12. 희망의 교차점   36
13. 삶의 눈높이   38
14. 허상을 쫓아가는 인생   40
15. 새로운 둘레길 찾기   42
16. 뒤를 돌아보고픈 마음   44
17. 함께하는 삶의 행복   47
18. 인생의 모퉁이   49
19. 굴곡진 마음   51

20. 가족	*53*
21. 은퇴 후의 삶	*55*
22. 삶의 참맛	*57*
23. 하루를 사는 사람	*59*
24. 그대 그리고 나	*61*
25. 행복이 주는 여유	*63*
26. 부족함이 주는 행복	*67*
27. 비탈졌던 나의 여정	*69*
28. 나를 지켜 온 사랑	*71*
29. 그리운 어머니	*73*
30. 나를 위해 살아 보자	*75*
31. 함께 걷는 길	*77*
32. 쉼의 감사	*79*
33. 함께 사는 삶	*81*
34. 그리운 사람	*83*
35. 어둠이 머무는 곳	*85*
36. 그곳에 내가 있다	*89*
37. 사랑이 머문 자리	*91*
38. 별이 빛나는 밤	*93*
39. 내가 살던 그곳	*95*
40. 사랑하는 사람아	*97*

41. 어머니 마음	*99*
42. 비 오는 날의 추억	*101*
43. 작은 삶의 둘레길	*103*
44. 가을의 사랑 이야기	*105*
45. 비 오는 날 사랑의 상념	*109*
46. 어머니	*111*
47. 호수가 주는 마음	*113*
48. 혼저 옵서예	*115*
49. 중장년의 가장들	*118*
50. 가을의 축복	*121*
51. 불효한 삶	*124*
52. 가냘픈 외침	*127*
53. 완전한 회복	*131*
54. 손을 내미는 기쁨	*133*
55. 두근거리는 마음	*135*
56. 또 다른 둘레길	*138*
57. 가을의 축복 속 혼란	*141*
58. 거울에 비추인 삶	*143*
59. 지금도 설레는 마음	*145*
60. 흔들리는 가족	*147*
61. 빈 수레 같은 인생	*149*

62. 희망의 시작   *151*

63. 노년의 아름다움   *155*

64. 갈증처럼 느껴지는 마음   *157*

65. 사랑의 외침   *159*

66. 지금 살아 있는 이 순간   *161*

67. 나는 욕심쟁이   *163*

68. 첫눈이 전해 주는 이야기   *166*

69. 내 삶의 우선순위   *168*

70. 인생의 중요한 이야기들   *171*

71. 지금 나는 살아 있는가   *175*

72. 인생을 함께할 친구   *178*

73. 나를 행복하게 해 주는 것   *181*

74. 나만의 위기   *184*

75. 거꾸로 살기   *186*

76. 끝이 없는 변화   *191*

77. 실패와 성공의 이중주   *194*

78. 폼 나게 사는 삶   *197*

79. 아득한 그리움   *200*

80. 아름답게 다듬어 가기   *202*

81. 빈자리   *204*

82. 허세에 가려진 진실   *206*

83. 타인을 의식하는 삶 　　　　　*209*

84. 천천히 걷는 인생 　　　　　　*212*

85. 진정한 용기 있는 자의 삶 　　*215*

86. 기쁨과 감사 　　　　　　　　*218*

87. 지혜의 아름다움 　　　　　　*220*

88. 종착역 　　　　　　　　　　　*223*

1

행복과 불행

인생에서 경험하는 행복과 불행은 복잡한 관계 속에서 펼쳐지는 드라마처럼 보인다. 행복과 불행은 우리 삶에서 대립개념이 아닌, 교차하며 서로에게 영향을 주고받는 순환 속에서, 진정한 삶의 의미를 찾아가는 과정 중 만나게 되는 감정의 표현이라는 생각이다.

우리가 인생에서 겪는 다양한 삶의 현장에서, 행복을 찾는 방법과 불행도 이겨 가는 방법을 모색하는 가운데 그 둘의 의미도 음미해 보고 싶다.

우리는 행복을 추구하는 방법뿐 아니라, 불행을 대하는 태도와 그 속에서 얻을 수 있는 반전의 기회를 찾는 것 또한 중요하다. 행복은 어쩌면 외적 조건에 따라서만 결정되는 것이 아니라, 우리 내면의 태도와 마음가짐 속에서 그 파이(Pie)의 크기가 좌우될 수 있음을 깨달을 수 있다.

불행 또한 너무 부정적 측면에서만 바라보지 말고, 그 속에서 얻을 수 있는 성장의 교훈을 찾아낸다면 우리는 한걸음 앞선 다행스러움을 만날 수 있지는 않을까.

내가 경험했던 어려운 상황이나 고난으로 인한 불행을 마주한 순간과, 그 순간을 어떻게 극복하고 행복을 찾아갔는지를 돌아보다 보면, 불행도 행복의 시작이었음을 역설적으로 느껴지기도 한다. 이러한 것들은 일상 속에서 작은 행복을 찾는 방법, 그리고 불행을 겪을 때 그것을 어떻게 나를 성장시키는 기회로 바꾸었는지를 알게 되는 것이라고 본다.

다시 한 번 오늘 내가 경험하는 불행은 끝이 아닌 그것을 통해서 더 나은 기회가 올 수 있음을 깨닫고, 또한 행복도 외부에서만 오는 것이 아닌 우리 내면에서 어떻게 바라보고 느끼는 것인가에 달려 있음을 강조해 보고 싶다.

우리 모두가 다시 한 번 자신의 삶 속에서 경험했던 행복과 불행했던 순간들을 되돌아보면서, 나 또한 행복, 불행의 가치관과 그러한 것들이 삶에 어떤 영향을 미치는지 잠시 창 너머로 시선을 고정하고 숙고해 보는 시간을 가져 본다.

미래도 금방 과거

우리는 살면서 미래와 과거가 어떻게 연결되어 있고 어떤 영향을 주었으며, 내가 살아가는 현재에 그 둘을 어떻게 연관시켜야 하는지 가끔 생각해 볼 때가 있다.

미래는 막연하고 과거는 아득하지만 시간의 흐름이 단선이 아니고, 과거와 미래가 끊임없이 연결되고 상호작용하는 복잡한 과정임을 바라보면서, 우리가 살아가는 일상 속에서 그 의미를 찾아보고자 한다.

"미래도 금방 과거"라는 이야기도 있다. 시간이 지나고 나면 우리가 예견했던 미래도 결국은 금방 과거가 되며, 그 안에서의 경험들을 중요시하게 된다. 우리가 시간이 지나고 돌아보았을 때 미래에 대한 불안이나 기대가 결국은 흑백사진 같은 과거로 변하고, 그 때의 경험들이 어떻게 우리에게 영향을 주었는지 생각해 봐야 할 것 같다.

시간이 지나는 중에 우리는 과거의 기억과 미래의 계획을 끊임없이 교차시키며, 예상과 평가를 내리면서 현재를 살아가는 것 같다. 자신의 삶에서 살아온 시간에 대한 고민과 미래에 대한 우리의 사고방식에, 미래와 과거가 서로 어떤 영향을 미치고 있었는지도 점검해 보는 시간이 필요하다.

시간이 지나면 어떤 것은 변하고 어떤 것은 여전히 그대로 남아 있는 것을 볼 수도 있고, 어떤 순간엔 과거와 미래의 경계가 모호해질 때도 있다고 할 수 있다. 우리는 미래에 대한 불안이나 과거에 대한 아쉬움에서 벗어나려고 노력하고, 현재를 온전히 살며 최선을 다하는 속에서 참진리와 가치를 찾아야 하지 않을까.

따라서 과거와 미래 속에서 무엇이 중요하고 어떻게 살아가는 것이 소중한 것인지, 과거와 미래를 끌어안아 보는 시간을 가져 본다.

3

그냥 살기

가식이 많은 세상이다. 삶을 그대로 받아들이고 그 안에서 진정한 행복과 평온을 찾는 그냥 살기를 하고 싶다. 복잡하고 스트레스 많은 현대 사회생활에서 일체의 상념을 떠나 무심하게 그냥 살아가도 괜찮다는 마음의 여유를 갖는 것은 어떨지…. 잠들기 전의 평안한 순간처럼….

삶을 단순하고 자연스럽게 살기를 누구나 원하고 있다고 본다. 너무 많은 기대와 목표치에 짓눌리지 않고, 현재를 보람 있는 시간으로 채우며 살아가는 방법을 찾아보고 싶다. 그렇다고 무계획적으로 억지로 그냥 살기를 꾀하거나 과도한 목표를 세우는 대신, 지금 이 순간 생각대로 편안하게 느끼며 살아가면 되는 것 아니겠는가.

평소에 삶이 주는 스트레스와 고뇌에서 벗어나, 삶의 단순함과 평온함을 찾기 위해 일상 속에서 작은 행복을 찾거나, 계획되지 않은 순간의 기쁨을 즐기며 살아가는 것도 좋아 보인다.

스스로 자기의 순수한 자아를 억제하지 않고, 현재에 충실하고 자기 자신을 인정하며 나의 삶을 그대로 받아들이는 연습도 필요한 것 같다. 더 나아가 삶에서의 실패나 실수를 지나치게 걱정하지 말고, 그것을 오히려 성장의 기회로 만들어 보는 것도 좋은 방법이라는 생각이 든다.

"그냥 살기"가 단순히 목표를 포기하라는 것은 아니고, 자신을 압박하지 않고 자연스럽게 흘러가는 대로 살아 보자는 것이다. 우리의 삶을 너무 어렵게 만들지 말고 때로는 의도적으로라도, 단순하게 살아가면서 "그냥 살기"가 분명 자신을 사랑하고 삶을 자연스럽고 여유 있게 살아가게 하라는 것임을 깨달아 본다.

기대와 설렘

  삶의 과정은 주어진 일을 자기가 의도한 대로 추진해가는 것이 대부분인데, 거기에는 기대와 그로 인한 설렘이 자리하고 있다. 첫 강의가 시작된 날과 마찬가지로, 우리가 인생에서 마주하는 여러 가지 순간에서 느끼는 그 기대감은, 설렘과 함께 새로운 인생의 시작을 만들어 준다.

  "설렘"이라는 감정도 긍정적으로 바라보며, 그것이 우리 삶에 어떠한 변화와 가치를 만들어 가는지 생각해 보면, "설렘"은 나에게 가끔은 미래의 불확실성에 따른 불안도 함께 가져오지만, 동시에 희망과 가능성도 열어주고 있음을 알 수 있다.

  "기대와 설렘"이 우리에게 어떤 것을 안겨 주는지 우리는 살아가면서 많은 이야기를 나누곤 한다. "기대"라는 것이 단순히 기다

림에서 끝나는 것이 아닌, 그 기다림의 과정 속에서 우리는 많은 것을 배우고 성장해 가는 것 같다.

어느 순간 기대가 불안과 긴장을 동반한 설렘을 가져올 수 있으나, 결과치의 보람이 줄 만족감과 기쁨에 우리의 삶은 활력을 갖게 되고, 그러한 기대들을 통해 새로운 방향 설정과 발전을 이룩해 나갈 수 있지 않은가….

삶 속에서 다양한 기대와 설렘의 순간들을 되돌아보며, 그것들이 어떻게 나의 삶에 영향을 주고 있는지 생각해 보는 시간을 갖고 싶다. 어떤 일에 새로운 시작을 앞두고 느꼈던 기대감들, 중요한 결정을 내려야 할 때의 설렘, 소중한 사람과 함께하는 순간의 기대와 설렘, 정말 우리 삶의 원동력이 아니겠는가.

우리 모두 미래에 대한 기대를 통해 설렘을 느끼며, 그 설렘을 통한 삶의 에너지를 만들어 가는 삶은, 나 자신을 또 다른 기쁨의 터널 속으로 자연스럽게 이끌어 가는 순간들임을 조용히 느껴 본다.

삶의 지혜

삶을 살아가면서 얻어지는 "삶의 지혜"는 우리가 가장 얻고자 하는 보약은 아니겠는가. 일상 속에서 마주하는 다양한 상황과 문제들을 해결하는 데 필요한 지혜를 얻는 것, 또한 우리 삶을 더욱 풍요롭게 만드는 방법이라 생각된다.

삶에서 중요한 가치와 원칙을 실천하는 방법을 제시하는 "삶의 지혜"를 발견하고 활용하는 슬기로움도 또한, 우리는 지속적으로 유지해 나가야 한다고 본다. "삶의 지혜"를 얻기 위한 첫걸음도, 자신을 돌아보고 내면의 목소리에 귀 기울이는 자세도 중요하다고 강조해 보고 싶다.

삶의 여러 갈림길에서 선택을 내릴 때, 외부의 조언이나 사회적 기준에 의존하기보다는, 자신의 내적 기준과 가치를 바탕으로 결정을 내려야 할 때도 많다. 삶의 지혜는 단순한 지식이나 정보에서 오는 것이 아니라, 삶을 살아가며 쌓은 경험과 그 경험을 통해서 형성된다고 할 수 있지 않을까. 오늘도 우리의 삶 속에서 겪은 다양한 경험과 갈등을 되돌아보며 그 속에서 배운 지혜를 하나씩 가슴에 담아 본다.

어려운 상황에서 나름대로 최적화된 선택, 인간관계에서의 갈등 해결, 혹은 삶의 목적을 찾아가는 과정에서 겪은 고민과 깨달음도 삶의 지혜들이다. 단순히 문제를 해결하는 방법을 넘어, 삶을 살아가는 데 필요한 가치와 이치를 깨닫고 덕행을 행하면서, 이러한 지혜들이 어떻게 우리 삶의 방향을 더 나은 곳으로 이끌어 가는지 숙고해 보는 시간도 필요해 보인다.

오늘도 나는 자신만의 삶의 지혜를 발견하고, 그 지혜를 통해 멋진 우리의 미래를 설계하는 시간을 소원해 본다.

나의 구원자

인생의 힘든 순간이나 시련 속에서 구원과 구원자를 받고 찾는 다는 것은 나의 영원한 숙제이자 도전이며, 삶에서 겪는 고통과 갈등들을 해결할 나의 희망이며 위로가 되는 것이기도 하다. 구원은 외부의 힘이 아닌 내면에서 비롯되는 작은 메시지로 받아들이는 날이다.

단순하게 어린 시절에 구원자가 필요했던 기억에서부터, 신적 존재나 외부의 도움을 넘어 우리 인생의 중대한 갈림길에서 만났던 사람들, 경험들, 그러나 실제적으론 내면의 힘을 더 바랐을지도 모른다.

구원의 의미를 종교적이거나 외적인 것으로 한정 짓지 말고, 오늘 우리는 나에게 필요한 구원자가 어떤 형태로 삶 속에 나타날지 깊게 생각해 봐야 할 것 같다. 때로는 사랑하는 사람이나 친구가 될 수가 있지만, 종국에는 내면에서 구원자를 찾아보아야 할 것이다. 누구나 삶의 위기에서 만난 구원자의 모습 속에는, 변화된 나의 모습이 있었음을 조용히 뒤돌아보는 시간을 가져 봄은 어떨지….

구원자를 통해서 다시금 내면의 힘을 얻고, 구원의 길을 찾아가며, 어려움을 피하는 것이 아닌 해결의 힘과 희망의 근원이 진정한 자신에게 있음을 발견하는 놀라운 경험도 생각해 본다. 다시금 구원자는 항상 외부에서 오는 것만이 아닌 내면에서 시작되는 것임을 깨달으며, 구원자가 되어 줄 수 있는 것은 바로 자신이고, 내적 힘을 통해 진정한 삶의 구원자를 찾아가는 의미 있는 생각의 시간을 가져 본다.

7

맞잡은 손의 희망

사람들 간의 진정한 관계는 상호 협력이 중심이 되어 살아가는 것이 아닌가. 서로의 손을 맞잡고 함께 나가는 힘, 즉 사람과 사람 사이의 결속과 지지가 삶에서 얼마나 큰 희망을 주는지 돌아보는 시간이다.

인간관계의 중요성과 우리가 서로에게 얼마나 큰 힘이 될 수 있는지를 생각해 보면서, 현대 사회에서 가장 바람직한 대인관계 기준을 찾는 희망은 또 다른 나의 도전이기도 하다.

맞잡은 손이 상징적 의미의 중심이 되기도 하지만, 서로 맞잡고 함께 나가는 추진력 있는 힘을 상상해 보자. 손을 맞잡는 것은 단순한 신체적 접촉을 넘어 정서적, 정신적 격려와 의지의 상징임을 나타낸다고 할 수 있지 않을까.

사람이 살면서 인간관계 속에서 "맞잡은 손"이 서로를 돕고 힘이 되어 주는 것은 물론, 서로의 깊은 신뢰와 지지는 엄청난 에너지를 품게 되어, 고단한 삶에 등대 같은 희망을 만들어 주는 것 같다. 힘든 시기에 친구나 가족과 손을 잡고 함께 나가면서 겪는 감정의 변화를 생각해 보면, "맞잡은 손"은 단지 서로를 돕는 상호 협력을 넘어 어떤 어려움에서도 함께 일어날 수 있는 큰 믿음을 주는 것이 아니겠는가.

인간관계의 중요성을 다시금 인식하면서, 오늘도 서로 "맞잡은 손"으로 함께 나갈 때 그 큰 힘은 나의 영원한 희망이 되어, 오늘도 서로의 공동체를 탄탄하게 만들어 가고 있음을 느끼는 날이다.

8

사랑의 그림자

사랑이 우리에게 미치는 본질적 영향을 깊이 생각해 본다. 특히 "그림자"라는 표현을 통해 사랑이 우리에게 주는 어두운 면과 밝은 면을 살펴보고, 삶에 어떠한 변화를 가져오는지 조용히 돌아본다.

사랑이라는 감정을 경험하면서 느꼈던 복잡한 감정들과 그로 인한 내적 갈등은, "사랑의 그림자"라는 것이 전해 주듯 기쁨과 행복했던 것만은 아닐 것이다. 사랑의 이면에 존재하는 수많은 갈등, 상처 그리고 때로는 불안 같은 감정들도 항상 있었던 것 같다. 사랑은 때때로 우리가 예상하지 못한 방식으로 다가오기도 하고, 그로 인해 상처를 주고받기도 하는데, 이를 해결하고 극복하는 과정을 거침으로써 우리는 성장과 치유의 삶을 이어 가고 있다.

오늘도 사랑을 경험하면서 겪었던 기쁨과 슬픔의 감정 변화를 돌아보면서, 그래도 그 속에서 기쁨과 행복함을 다시금 느껴 보고, 동시에 그 사랑이 가져온 아픔과 상처도 내 삶에 어떤 영향을 미쳤는지 돌아보는 날이다.

결국 "사랑의 그림자"는 부정적 의미만 가지는 것이 아닌, 그것이 나를 더 깊이 이해하고 성장시키는 데 중요한 역할을 했음을 깨닫는 시간이기도 하다. 따라서 "사랑의 그림자" 속에서 진정한 의미와 가치를 발견하고 그 속에서 사랑의 깊은 의미를 다시금 음미하고 싶다.

가슴 설레는 사랑

사랑의 설렘과 그로 인해 발생하는 감정의 기쁨과 아픔은 누구에게나 다가오는 일상들이다. 사랑을 경험하는 과정에서 느끼는 가슴 뛰는 감정과 아픔, 그것이 삶 속에 미치는 영향이 어떤 것인지 찾아보는 것도 재미있는 일들이 아닐까.

처음 사랑의 설렘을 느꼈던 기억들, 사랑이 시작될 때 와 닿는 두근거림과 그로 인한 마음의 변화는 정말 생각할수록 좋은 기억으로 내 마음속에 남겨져 있다.

"가슴 설레는 사랑"은 어쩌면 사랑이 시작되는 순간을 강조하지만, 그 속에는 사람이 정신적으로 어떻게 변화되는지 그 설렘이 어떻게 나에게 삶의 풍요를 만들어 주었는지를 생각해 본다.

다시 말해 사랑의 설렘이 단순한 감정 고조만이 아닌, 그 속에서 나의 진정한 모습도 발견해 보고, 그로 인해 더 나은 사랑으로 발전, 성장되고 있었음을 느끼는 날이기도 하다. 사랑의 처음 느낌이 얼마나 강렬했는지, 그 감정이 얼마나 사람을 변화시켰는지 되돌아보는 시간이기도 하다.

오늘도 사랑이 주는 첫 번째 설렘과 그로 인한 감정의 변화를 되새기며, 사랑을 경험하는 과정에서 느끼는 설렘이 순간 감정의 폭발이 아닌, 진정으로 내가 원했던 행복의 감정으로 언제나 조용히 나타나길 기대해 본다.

화려했던 설렘의 시절은 길지 않았어도 그 시절 모두가 하나의 추억이 된 지금, 사랑의 진정성과 그로 인한 감동 그것만이라도, 우리 모두 "가슴 설레는 사랑"이라 하여 다시금 처음의 가슴으로 느껴 보는 시간은 어떨지….

참 좋은 사람

　우리는 항상 인간관계라는 삶 속에서 진정성 있는 사람과의 만남과 그 관계가, 우리에게 주는 깊은 영향을 생각하곤 한다. 우리가 일상에서 만나는 "참 좋은 사람"의 존재를 생각해 보면, 그런 사람과의 만남이 나에게 큰 삶의 풍요를 가져다주고 있음을 느낄 것 같다.

　우리가 만나는 "참 좋은 사람"은 좋은 성격과 친절함만 가진 사람이 아니고, 그 사람과의 관계 속에서 진심을 나누고 서로에게 긍정적 영향을 미치는 사람을 의미한다고 할 수 있지 않을까.

　사람과의 관계에서 갖는 진정성, 정직, 배려 같은 것이 어떻게 서로에게 영향을 미치고 있는지, 오늘은 그 따뜻한 감성을 느껴보고 싶은 날이다. 어떤 사람과의 만남을 통해서 자신이 얼마나 많은 것을 배우고 영향을 받는지, 그 사람과의 관계가 자신의 삶에 어떤 변화를 주었는지도 곰곰이 생각해 보고 싶다.

"참 좋은 사람"은 인간관계에서 진정성과 성실함을 바탕으로 한 단순히 외적 덕목에서만 평가되는 것이 아니고, 삶에서 큰 축복을 서로 나누고 찬양하며 격려하는 속에서, 더불어 살아가는 것을 상호 확인할 수 있다는 의미의 마음도 담아 보며, 그런 사람과 함께 살아가는 이 세상을 감사하게 생각해 본다. 또한 나의 노력이 뒤따라야겠지만 나도 상대에게 그런 사람이기를 기대해 본다.

퇴근길의 정체는 짜증 나는 일일지라도, "참 좋은 사람"과의 만남 시간을 앞둔 지금은 그저 이것도 축복이라는 생각이 든다.

행복의 소리

삶에서 발견할 수 있는 소소한 행복과 기쁨의 소리는, 우리들 마음을 더욱 따뜻하게 하며 울렁이게 하는 것 같다. 우리가 놓치기 쉬운 작은 행복과 기쁨의 소리를 잔잔한 마음에 담는 상상을 해 본다.

행복을 찾는 과정의 작은 순간들 속에 숨어 있는 "행복의 소리"는, 물리적 소리뿐 아니라 우리 일상 중에서도, 마음과 몸이 가벼워지는 작은 들뜸 같은 것은 늘 마주하는 것들이다.

아침의 상쾌함과 신선함, 출근길의 역동성과 활기에서, 전철 출입문이 닫히기 직전에 승차했을 때의 쾌감, 갈증 날 때 신선한 물 한잔의 청량감, 호사스럽지는 않아도 커피 한잔의 여유, 수다 떨 때의 연대감, 공동체 속에서의 동료애와 소속감을 더한 안도

감, 퇴근 때의 홀가분함과 몸과 마음의 가벼움 인식과 해방감, 작지만 순간순간 느끼는 성취감과 만족감, 포만감과 감미로운 분위기 등등 그 외에도 수많은 것들에서 작은 행복과 기쁨의 징후를 느낀다면 이 자체가 감동적인 순간이 아니겠는가.

또한 자신의 삶 주변에서 나는 자연의 소리, 가족의 대화, 친구들과의 웃음, 각종 장르의 음악 소리, 아이들 웃음소리를 들을 수 있을 것이고, 그리고 혼자만의 고요한 시간을 통해서도 내면의 행복과 기쁜 소리를 들을 수 있으리라 생각해 보기도 한다.

종종 바쁜 일상 속에서, 마음에 울리는 이런 소리의 의미를 제대로 알아듣지 못하고 지나칠 때도 많다. 이럴 때면 잠시 무언가를 멈추고 귀 기울여 보면 주변과 내면의 작은 소리와 삶의 움직임 속에서 진정한 기쁨과 행복의 소리를 찾을 수 있다고 본다.

잠시 나의 바쁨을 멈추고서 그 시간만큼이라도 이러한 숨어 있는 것에 관심을 가지고, 내 삶의 진정한 행복의 소리에 귀 기울여 보는 노력이 필요하다고 느낀다. 우리가 찾는 행복의 여정 속에서 느끼는 여러 감동과 깨달음도, 나를 이끌어 주는 행복한 소리라고 생각하며, 일상의 작은 순간순간에도 그런 소리를 들을 수 있도록 오늘도 마음을 열고 조용히 귀 기울여 본다.

12

희망의 교차점

　인생에서 마주하는 어려운 시기와 갈림길에서, 시련을 극복하고 해결을 위한 최선의 선택을 강요받을 때, 해결의 희망을 발견하고 거기에서 새로운 가능성을 찾는다는 것은 매우 어려운 일이다.

　하지만 인생의 교차점에서 우리가 선택해야 할 길과 그 선택이 가져오는 다변화 현상 속에서, 희망을 잃지 않고 전진해야 하는 모습 또한 어렵지만 우리가 극복해야 할 일이 아닌가. 누구나 겪는 여러 교차점과 갈림길을 마주 보며, 순간 어떻게 희망을 찾고 올바른 방향으로 갈 것인가는 우리가 늘 고민하는 일상들이기도 하다.

　"교차점"은 어쩌면 인생의 중요한 전환점을 의미하며, 우리가 직면하는 선택적 순간의 은유인 것 같다. 이러한 교차점에서 우리는 항상 길을 잃지 않도록 자신을 돌아보고 마음을 가다듬으며, 희망을 잃지 않고 바른 선택을 해야 함도 강조해 보고 싶다. 달리 생각해 보면 내면에서 나오는 힘과 결단력이 필요하다고 생각된다.

다시금 우리는 어려운 시기와 갈등 속에서도, 자신감을 잃지 않고 삶의 불확실성과 고난에 맞서 희망의 불씨를 살려 내면서, 자신을 반듯이 일으키는 원동력을 찾아야 할 것이다. 또한 어려움 속에서 희망을 통해 삶의 방향을 설정하면서, 그것을 통한 도전의 용기를 가져 본다면, 우리는 이러한 "희망의 교차점"에서 인생의 위기와 갈등을 새로운 기회로 만들어, 삶의 더 큰 의미를 키워 가는 사람으로 거듭나리라 기대해 본다.

13

삶의 눈높이

우리의 삶 속에서 가치와 질의 수준을 평가하는 여러 기준 중에서, 사물을 바라보는 눈높이는 각기 다르구나 하는 것을 깨닫는 날이다.

다시 말해 그 눈높이를 어떻게 조절하느냐에 따라 우리 삶이 달라지는 것이다. 우리가 살아가는 방식과 주변을 바라보는 시각의 높이들이, 얼마나 나의 인생에 중요한 영향을 미치는지 깨닫게 되면, 자신만의 눈높이를 적절히 조정하는 과정 속에서 또 다른 나의 위치를 찾을 수 있다는 것도 느껴 본다.

삶의 다양한 측면을 바라보면서, 사람마다 고유한 눈높이가 존재한다는 것은 단순히 물리적인 높낮이를 뜻하는 것이 아닌, 각자가 가지고 있는 가치관, 경험, 생각의 깊이에 따라 삶의 질이 크게 좌우되는 것이 아니겠는가.

오늘도 어김없이 나의 삶을 돌아보며 다양한 경험들이 나에게 어떤 영향을 미쳤으며, 내가 세운 삶의 눈높이는 어떤 의미를 가지고 있으며, 어떻게 살았는지 생각해 본다. 삶의 눈높이를 높이는 것이 무조건 더 많은 것, 더 좋은 것, 더 높은 곳을 차지하려는 것이 아니라, 더 넓고 깊은 시각으로 세상을 이해하고 모든 일을 합당한 순리에 맞추어 거기에 접근하려는 제반 노력의 일환이라고 생각되는 시간이다.

우리 삶에서 중요한 순간마다 눈높이를 조절하려 했던 기억을 더듬어 보면서, 시각이 넓지 못해 부족했던 나를 돌아보기도 한다. 분명 다른 사람의 삶과 시각을 이해하려고 노력하는 것 또한, 상대와 진정한 공감을 느끼며 사는 삶의 눈높이라는 생각이다. 오늘도 더 넓고 더 깊은 시각으로 세상을 돌아보면서, 나의 삶의 가치 변화를 조용히 예견해 본다.

14

허상을 쫓아가는 인생

우리는 가끔 허상을 쫓는 삶을 살아가고 있음을 느낄 때가 있는데, 그때마다 실망과 좌절을 경험하게 된다.

종종 목표와 꿈을 추구하는 과정에서, 실체가 없는 것 즉 허상에 집착하는 경우가 있어 삶 속에 실패라는 그림자 속으로 빠져들 때가 있다는 것이다. "허상"이라는 것은 우리가 이루고자 하는 것이 비현실적이거나, 진정한 가치의 의미를 가지지 않은 경우를 이야기하는 것으로, 그것을 쫓는 과정에서 겪는 여러 가지의 갈등은 우리를 힘들게 할 때도 많이 있다.

'나도 어쩌면 삶의 허상에 집착하며 살지는 않았을까…' 이런 생각이 나를 어지럽히고 있었을 때 결국 그것이 허상이었음을 느꼈을 때는 많이 방황했던 기억도 있다. 허상을 쫓는다는 것은 또 다른 의미로 보면 사회적 기대나 물질적 성공, 외부적인 인정 등을 과다 추구하는 데서 발생하는 일종의 착시 현상이라고들 한다. 우리의 목표 중 성공과 행복이라는 것을 추구할 때, 반드시 자신의 진정한 욕구와 일치하지 않음을 또한 알 수 있다.

삶 속에서 수없이 "허상"을 쫓아가며 그 끝에서 얻는 후회와 실망은, 물질적 성공이나 외부적 인정에 집착한 나머지 또 다른 불행을 초래했음도 느껴진다.

외적인 목표나 성공만을 쫓아가기보다 나 자신의 깊은 마음속의 가치를 발견하는 데 좀 더 노력을 기울여 본다면, 오늘의 허상에 집착하지 않고 진정한 삶의 모습으로 다가오는 또 다른 자신을 발견하는 기회를 가질 것이라 생각해 본다. 이러한 시간을 통해 그간 착시에 빠졌던 나를 잠시 흔들어 일깨워 본다.

새로운 둘레길 찾기

　인생의 새로운 여정과 방향을 찾는 과정 속에서, 삶의 한길이 끝난 후 새로운 길을 찾고자 하는 의욕은 우리에게 용기와 희망을 주는 일이다. 이러한 새로운 도전은 삶에서 길을 잃거나 막다른 길에 부딪혔을 때, 새로운 가능성을 발견하고 개척해 나갈 길을 찾는 동기부여의 일환으로써, 새로운 길을 찾는 그 과정마저 얼마나 의미 있고 중요한가를 일깨워 주기도 할 것 같다.

　"새로운 둘레길"은 본래 자연 속의 길을 의미하지만, 나 자신의 삶 속에서 여러 가지 전환점을 맞이할 때, 또 다른 삶의 여정을 비유적으로 표현해 주고 있다고 할 것이다. 이미 알고 있는 길에서 벗어나 두려움과 기대를 안고서, 그 새로운 길에서 정말 인생의 깨달음과 성장가능성을 발견할 수 있다면, 새로운 둘레길을 찾는다는 것은 물리적 길을 찾는 것이 아닌 결국은 나의 새로운 삶의 과정을 찾는 것이라고 생각된다.

일상의 반복과 고정된 틀에서 벗어나, 새로운 둘레길에서 맞는 도전과 변화에서 겪는 갈등은, 또 다른 자신을 찾아가는 가치 있는 길의 징검다리가 되기도 할 것이다.

오늘도 변화와 도전의 중요성을 "새로운 둘레길"을 통해서 일깨우며, 어느 순간에도 새로운 시작이 두려움 없이 받아들이며 살아갈 수 있다는 용기를 마음속 깊이 간직하면서, 내 삶의 둘레길을 조용히 걸어 보고 싶다.

16

뒤를 돌아보고픈 마음

    삶의 여정을 돌아보며 지나온 길을 생각해 보는 감정의 느낌은, 후회와 또한 감사함이다. 되돌아봄을 통해서 우리는 현재와 과거를 잇는 중요한 의미를 되새겨 보고 있는 것이다. 과거의 경험이 현재의 나를 어떻게 만들어 왔는지, 그것이 앞으로 어떤 영향을 미칠 것인지 조용히 생각해 본다.

    자신의 인생에서 중요한 순간들을 돌아보며, 그때 선택들이 현재의 삶에 어떻게 영향을 주었고 형성화되었는지 바라보고자 하는 것이기도 하다.

    "뒤를 돌아보고픈 마음"은 단순하게 과거를 그리워하는 것이 아닌, 지나온 길을 되돌아보며 현재의 삶에 더 깊은 이해를 얻고자 하는 마음이라고들 이야기한다. 과거의 실수나 아쉬움도 결국 나의 성장에 밑거름이 되었고, 그 과정은 또 다른 가치로 분명 자리 잡았을 것 같다. 결국 아쉬운 점도 많았지만 그 후회와 실수들이, 더 나아진 현재에 중요한 발판이 되었음에 다시금 감사의 마음도 가져 본다.

지금 내가 일을 왜 하는가? 그리고 무엇 때문에 일을 해 왔는가? 일의 의미를 잊어버리는 순간 짐이 무거워진다고들 한다. 가끔은 "왜 내가 이 짐을 지고 가는지 되돌아보는 마음에 그 당위성을 알게 되었을 때는 다시금 힘이 날 때도 있고, 그렇지 않고 무겁게만 느껴진다면 그 짐은 가치가 없으니 내려놓아야 한다"는 누군가의 이야기가 생각난다.

과거의 경험들을 어떤 의미로 바라볼 것인가와, 현재와 미래에 그것들을 어떻게 접목 활용할 것인가 고민해 보는 시간을 통해서, 앞으로의 길은 분명 더욱 풍요롭고 의미 있는 삶의 길이 되리라 기대해 본다.

17

함께하는 삶의 행복

　사람들과의 관계와 공동체 속에서 찾게 되는 행복 추구는, 인간은 혼자서 행복을 이룰 수 없으며, 타인과의 연결과 유기적인 상호작용 속에서 진정한 행복을 찾을 수 있다는 평범한 사실을 깨닫는 날이다.

　가족, 친구, 동료 등 다양한 사람들과 삶을 살아가면서, 사람들 간의 관계가 어떻게 서로에게 행복을 주는 것인지 다시금 생각해 본다.

　"함께하는 삶"은 단지 물리적으로 함께하는 것을 넘어, 서로의 삶을 나누고 지지하며 격려하는 과정을 통해, 우리는 깊은 행복을 얻어 가고 있나. 우리가 서로에게 얼마나 큰 영향을 미치고 있는지, 또한 그 관계 속에서 나누는 사랑과 배려와 이해가 얼마큼 각자의 삶을 풍요롭게 해 주는지에 따라, "함께하는 삶의 행복"도 그 아름다움이 비례해 간다고 할 수 있지 않을까.

우리 모두 관계의 중요성을 다시 한 번 일깨우면서, 서로를 사랑 속에서 이해하고 지지와 격려함으로써, 깊고 소중한 행복을 더욱 크게 키워 나가야 할 것이다.

다시금 우리 모두는 함께 살아가는 사회 속에서, 사람과의 연대를 더욱 강화하고 소통해 나가면서 얻는 큰 행복과 삶의 가치를 재조명하며, "함께하는 삶의 행복"을 "완전한 행복"으로 만들어 갈 수 있기를 기대해 본다.

18

인생의 모퉁이

　인생에서 마주치는 중요한 전환점이나 갈림길에서 또는 여러 모퉁이에서, 고민과 선택 그리고 그 선택들이 우리의 삶을 어떻게 변화시켰는지에 대하여 고민해 본다. 다시 말해 우리 각자의 인생에서 맞이하는 중요한 순간들을, 어떻게 맞이해야 할지를 생각해 보는 것이라 할 것이다.

　"인생의 모퉁이"와 마주하면, 그땐 인생에서 전환점이나 변화의 시점이 되어 두려움과 불안, 갈등들이 겹쳐지면서, 미래를 향한 또 다른 선택을 강요받게 하는 중요한 결정 역할을 해 주었던 것 같다.

　오늘도 나 자신이 겪은 여러 가지 갈림길과 전환점을 기억해 보면서, 각기 다른 결정을 했던 나에게 어떤 영향을 미쳤는지도 생각해 본다. 세월 속에 묻어 온 고뇌의 시절은 길고 영광의 시절은 짧았지만, 그래도 인생의 모퉁이를 돌 때마다 새로운 가능성과 기회를 발견하고 도전했던 그 선택들이, 결국 나를 더 나은 방향으로 이끌었던 기억도 떠오른다.

인생에서 맞닥뜨리는 중요한 선택의 순간들을, 우리는 어떻게 받아들이고 그 속에서 어떤 의미를 찾을까 고민해 보는 것은 또 다른 소중함이다. 인생의 갈림길에서, 길을 잃지 않고 자신의 방향에 맞는 선택을 하는 용기와 지혜를 발휘하는 것이, 오늘 정말 해야 할 과제가 아니겠는가.

19

굴곡진 마음

인간의 복잡한 감정과 내면의 갈등, 그것이 나의 삶에 어떤 영향을 미치는지 생각해 본다.

사람의 마음속에 누구에게나 존재하는, 기쁨과 슬픔, 또는 화해를 넘어 사랑과 상처 같은 복잡한 감정들, 이러한 감정의 굴곡들은 나의 마음속 깊은 곳에서 어떤 변화로 내게 나타나며 영향을 주는지 생각해 본다. 자신의 마음속에 겪는 굴곡을 돌아보면서, 또 다른 내면의 복잡함이 있음을 깨닫고 이러한 것들을 어떻게 이해할건지도 숙고해 보고 싶은 날이기도 하다.

"굴곡진 마음"이라는 표현 속에는 사람의 마음이 직선적이지 않고, 때로는 굽이치며 돌아가면서 복잡하게 얽힌 상황들로 만들어져 있다고들 한다. 그러한 마음의 흐름이 여울을 만날 때마다

소용돌이를 치고 소리를 내야만 할까?

 희망과 슬픔과 영광의 고빗길을 수시로 넘나들며 차가운 아픔을 이겨 내야 함은, 따뜻한 봄이 있기에 견뎌야 하는 봄꽃처럼, 마음의 굴곡을 깊이 이해하고 받아들이는 것이, 결국은 자신의 성장과 치유에 큰 힘이 된다는 것을 오늘과 같은 조용한 시간에 생각을 정리해 본다.

 인간 감정의 복잡성과 그 속에서 발생하는 내적 갈등을 회피하지 않고 인정하면서 담담한 삶을 살아간다면, 분명 우리는 감정의 굴곡을 이해하고 그것을 극복할 수 있지 않을까…. 꼭 사랑의 마음이 아니더라도 누군가와 즐겁게 보냈던 시간만이라도 생각할 수 있다면, 우리는 좀 더 성숙한 지혜를 얻어 굴곡진 마음을 부드럽게 어루만질 수 있을 것이라 믿어 본다.

가족

우리는 "가족"이라는 소중한 관계와 그 안에서 느끼는 사랑, 갈등, 희생을 바라보면서, 가족이 단순히 혈연관계 이상의 의미로 보일 때, 진정한 삶의 따뜻함을 느끼게 된다는 생각이다.

오늘 나 자신의 가족과의 관계에서 겪었던 수많은 일들을 떠올려 보면서, 가족이라는 울타리 속에서 때로는 가장 큰 영향을 끼치기 위해, 무조건 내 말이 옳다며 강요했던 잘못된 행동들이 유난히도 큰 잘못으로 떠오른다.

"가족"이라는 것이 분명 친밀과 의무를 넘어 우리가 겪는 삶의 테두리에서 기쁨과 고통, 슬픔을 함께하는 게 당연하다고 수긍해 보지만, 되돌아보면 오히려 내 개인의 존재의식과 자존심이나 권위에 삶의 비중을 더 크게 표시하며 살았던 것 같다.

이제부터라도 가족과 다양한 이야기를 나누며, 그 속에서 느끼는 사랑과 갈등, 이해와 화해의 순간을 펼쳐 보이며, "화목"이라는 울타리 안에서 서로의 뜻을 맞추는 열린 삶을 살겠다고 다짐해 본다.

또한 "가족"이라는 존재가 얼마나 소중하고 중요한지 다시금 되돌아보며, 가족관계에서 느끼는 사랑과 희생이 우리 삶을 얼마나 풍요롭게 만드는지를 생각하면서 서로 이해하고 사랑하는 그런 따뜻한 가족이 되길 기대해 본다.

21

은퇴 후의 삶

우리는 문득 언젠가의 은퇴 후 삶의 의미와 가치를 생각하게 되는데, 나 자신은 은퇴라는 것이 일에서 물러나는 개념이 아닌 새로운 삶의 시작이 되길 바라는 마음으로, 준비를 하며 살아가고 있다.

인생의 후반기를 어떻게 더 의미 있고 충실하게 살아갈 수 있을까. 은퇴를 앞둔 사람들이 자신의 삶을 어떤 새로움으로 준비할지가, 제2의 인생을 준비하는 은퇴자들의 현실 고민이 아니겠는가.

은퇴를 준비하면서 겪는 고민과 갈등을 해결하는 방법으로, 그동안 쌓아 온 지혜를 바탕으로 새로운 목표와 가치를 추구할 수 있는 일에 매진할 수 있게만 된다면, 은퇴 후의 시간은 결코 걱정의 시간만이 아닌 일에 얽매이지 않은 자신만의 시간이 되어, 새로운 장을 여는 기회가 될 수도 있다는 생각이다. 그렇게 되기까지는 고민의 시간도 계속되겠지만….

은퇴 후 자신이 어떻게 새로운 생의 이미지를 찾아갈지는, 욕심을 줄이고 낮은 자세에서 좋은 만남들을 통해 대화를 나누다 보면, 위기가 기회가 되어 일터에서 물러난 후 찾게 되는 새로운 장이, 또 다른 그 삶에서 진정한 삶이 무엇인지도 깨닫게 된다고 한다. 은퇴자로서 자신을 움츠리지 말고 은퇴 후 여전히 가족, 친구, 취미, 봉사활동을 통해 자신의 삶에 활력도 불어넣어야 한다는 생각이다.

오늘도 은퇴를 준비하는 모든 분들이여! 은퇴를 두려워하지 말고 새로운 시작으로 받아들일 마음의 준비를 단단히 하면서, 은퇴 후 인생의 가치가 여전히 귀하게 존재하고 삶의 의미도 더 확실해질 수 있음을 깨달으며, 미리미리 멋진 인생 후반기를 준비해 보자.

22

삶의 참맛

우리는 가끔 삶에서 진정한 행복의 의미에 대해 생각하게 되는데, 그 삶 속에서 느끼는 많은 경험들에서 감동과 기쁨의 작은 행복들을 기억하게 된다. 그렇게 우리는 일상 속에서 놓치기 쉬운 작은 행복과 삶의 의미를 기본 가치로 받아들이면서, 오늘도 희로애락의 나이테 하나씩을 보태 가며 살아가고 있는 것 같다.

우리는 항상 어딘가로 가고 있지만, 그 목적지에 도착하기도 전에 또 다른 어딘가를 기웃대며 조급해하는 생을 살고 있는데, 이는 "삶의 참맛"을 느낄 여유조차 없이 앞만 바라보고 뛰어가는 단거리 선수와 같은 생을 살아가고 있는 것은 아닐까.

어쩌면 "참맛"은 무엇을 이루었을 때와 삶의 풍요 속에서만 오는 것이 아닌, 때론 한가로우면서도 나태하지 않은 평소와 같은 우리 마음 안에, 평안과 감동으로 더 크게 자리하고 있는 것이 아닌가 한다. 우리는 보편적이지만 순간의 마음속에 담긴 의미를 이해하고, 그 속에서 진정한 기쁨과 감사를 느낀다면 이것이 분명 "삶의 참맛"들이 아닌가 생각해 본다.

걸음걸이 하나만 바꾸어도 우리 삶이 바뀐다고들 한다. 또한 삶의 어려움과 고난 속에서도 자세와 생각하나를 바꾸어도 "삶의 참맛"을 볼 수 있음을 기억하며, 오늘 이 하루가 힘들고 고통스러워도 성장의 변화를 갖는 여유와 차분한 마음으로 하루를 보내보는 것은 어떠한지….

우리가 매일 살아가는 과정에서 삶의 참된 가치를 얻기 위해 최선을 다하되, 진정한 만족을 평범한 일상 속에서 찾는다면, 분명 그 속에도 참맛이 담겨 있음을 확신해 본다.

하루를 사는 사람

　오늘도 하루하루의 삶의 가치를 찾기 위해, 맡겨진 시간의 흐름과 일상의 소중함을 느끼며 깊은 생각에 잠겨 본다. 우리는 하루의 작은 순간들이 모여 삶을 형성하고 그 형성을 통해 성숙한 매일의 역사를 써 나가고 있다.

　"하루"라는 것은 반복되어 지나가는 시간만이 아닌, 삶의 의미를 발견하고 실천하는 중요한 내 개인 역사의 시간이라는 사실을 오늘 새로움으로 깨닫게 된다. 하루를 살아가는 일상 속에서 알게 되는 다양한 감정과 느낌 속에는, 하루라는 시간을 과연 어떻게 보내는 것이 바람직할 것인가, 또 어떤 의미를 채울 것인가 내가 고민할 때부터, 참으로 나라는 존재에 대해, 갈피를 잡지 못한 부분도 많았던 것 같다.

어둑해지는 시간 나의 하루를 어떻게 보냈는지 뒤돌아보고, 그 하루 속에서 느낀 기쁨, 감사 속에 후회와 아쉬움은 없었는지 생각해 보기도 한다.

이 하루는 진정 나에게 삶의 의미를 얼마나 깊이 있게 발견하고 실천하게 했으며 소중했음을 고민하게 했을까. 하루를 소중히 여기는 삶의 중요성 속에서, 매일 충실히 살아가면서 얻을 수 있는 감사의 깨달음과 삶의 기쁨을 통해, 하루를 사는 의미를 나의 역사로 차곡차곡 소중히 쌓아 가며, 바람직한 내일의 삶을 기다리는 낭만적인 하루로 마감해 보고 싶다.

24

그대 그리고 나

사람들 사이의 관계와 그 속에서 발생하는 감정들은 사랑, 우정, 연민과 같은 다양한 형태의 인간관계 모습을 나타내 보이고 있다. 사람과 사람 사이에서 일어나는 진정한 소통과 그로 인한 서로의 이해는, "그대 그리고 나"라는 두 사람의 깊은 연결고리로 인해 또 다른 가치존재의 의미를 더해 주고 있다.

자신과 타인, 특히 사랑하는 사람과의 관계에서 느낀 감정들을 생각해 보면, 인간관계의 복잡하고 소중한 면을 느껴 보게 되지만, "그대"는 타인을 의미하며 "나"는 자신을 의미하는데, 이 두 사람과의 감정과 이해의 폭에는 또 다른 깊이와 삶의 가치가 있는 듯하다.

이렇듯 관계 속에서 느끼는 기쁨, 아픔, 갈등 등은 서로의 이해와 배려의 정도에 따라, 그 느낌의 질량, 농도가 어떻게 변해 가는지도 생각해 봐야 할 것 같다.

항상 느끼는 것이지만 사람과 사람 사이의 이해관계 폭이 정말 중요하며, 더 나아가 복잡한 그 관계 속에서도 그 중요성은 우리 각자를 더욱 성숙시켜 갈 것이며, 인간관계의 진정성을 발견하는데 크게 작용할 수 있다고 본다.

세바스티앙 샹포르의 이야기가 생각난다. "가장 황량한 날이란 한 번도 웃지 않았던 날"이라고 했다.

"그대 그리고 나"의 관계도 어떤 표현보다 한 번 웃어 볼 수 있는 폭 넓은 마음의 여유를 가져 본다면, 그 웃음을 통한 이해의 즐거움과 삶의 가치도, 다시 보는 반전의 분위기로 만들 수 있을 것 같은 기대를 해 보는 날이다.

행복이 주는 여유

우리는 삶 속에서 수없이 목적으로 외치는 것 중 하나인 "행복"이라는 것은, 누구나 바라는 욕망이 아니겠는가. '과연 행복이라는 것은 우리에게 어떤 모습으로 보일까' 하고 생각에 잠겨 보지만, 금방 '이것이다' 하는 답은 찾지 못하고 있다.

남으로부터 "여유와 평화"를 가져다주는 것이 "행복"이라고 수없이 들어 보기도 했지만, 이 두 단어로는 충분한 만족의 답이 되지 못하고 있다. 붉게 물든 노을을 바라보며 진정한 행복의 의미를 저 짙은 색깔만큼 가슴으로 느껴 보고는 싶은데….

"행복"이라는 것이 그저 단기적 기쁨과 만족에만 그치지 않고, 작은 삶의 움직임이라도 겸손히 받아들이나 보면 그 속에서 진정한 행복의 의미를 발견할 수 있을 것 같다는 막연한 생각을 해 보기도 한다.

더 나아가 행복이 주는 여유라는 것도, 우리 삶의 속도에서 벗어나 나 자신 스스로가 한가로운 시간을 가지며 주변 사람과의 원만한 관계 속에서, 더 깊은 "행복이 주는 여유"를 찾을 수 있는 것이 아니겠는가. 때로는 여유를 가짐으로써 행복의 문이 열릴 수도 있을 것이다.

또한 "행복이 주는 여유"는, 물질의 풍요나 외적인 성취보다 나 자신을 돌아보고 주변 사람들과 소통하며, 자연 속에서 얻는 평온함에서 찾아보는 것도 중요할 것 같다. 그래서 행복이라는 것이 큰 사건처럼 오는 행운 같은 것이 아닌, 일상 속에서 느껴지는 작은 기쁨과 여유에서도 온다는 것으로 들리듯이, 내게는 화려하지는 않더라도 소박하게 와 주었으면 좋겠다.

오늘도 진정한 행복이 무엇인지, 그리고 그 행복이 나에게 어떤 여유로움으로 마음속에 찾아올지 깊이 생각해 보면서, 분명 어떠한 소소한 행복일지라도 삶의 여유로 이어지기를 간절히 기도해 본다.

26

부족함이 주는 행복

'부족함과 결핍도 오히려 삶에 진정한 행복의 의미를 던져 줄 수 있지 않을까'라는 엉뚱한 생각을 해 보는 날이다.

우리는 언제나 완전함 속에서의 풍족한 삶을 추구하지만, 오히려 부족함 속에서 이룩한 고귀한 가치와 값진 성취는, 어느 순간 더욱 풍요롭고 자랑스런 삶의 의미를 우리에게 안겨 주고 있다.

또한 우리는 부족함을 어떻게 바라보고, 어떻게 나에게 영향을 미치고 있는지 숙고해 보는 날이기도 하다. 나의 부족함이 나의 삶의 성장에 어떤 기여를 하였는지, 나도 모르게 겸손을 찾게 해 주었는지, 더 나아가 그 결핍을 채워 가는 삶 속에서 순간의 만족에 지만히지는 않았는지도 생긱도 해 본다.

나 자신의 삶에서 느꼈던 부족함들을 돌아보며, 매 시간 어떤 변화가 일어났는지, 또한 그 변화 속에서 어떠한 행복을 깨달았는지 깊은 생각에 빠져든다. 물질적으로 부족할 때 작은 것에도 감사했는지, 감정의 표현들이 부족할 때 다른 사람과의 관계에서 진솔함의 소중함을 보였는지도 생각하게 하는 날이다.

부족함을 긍정적 시각으로 바라보는 힘을 길러 내고, 그 속에서도 진정한 행복의 의미를 찾아간다면, 우리는 분명 부족함 속에서 얻는 행복이 또 다른 나의 자아를 만들어 가는 길임을 알게 되리라 생각한다.

비탈졌던 나의 여정

인생에서의 성숙함은 삶의 어려운 순간과 고난을 거치면서 만들어진다고들 이야기한다.

나의 삶에서 겪은 시련과 고난을 뒤돌아보면서, 그것들이 내가 더욱 성장된 사람으로 거듭나는 데 어떻게 작용하였는지를 생각해 본다. 나 자신이 겪었던 어려운 시기, 특히 "비탈졌던" 고난과 역경의 시기는 내 인생여정 속에서 단순히 고통만 준 것이 아닌, 삶의 풍요를 더욱 깊게 만들기 위한 통과의례 기간이기도 했던 것 같다.

비탈진 길을 걸으면서도 지름길을 택하지 않고 그 길을 벗어나시 않은 채, 그 속에서 나 자신을 일으키고 더 강하게 성숙하도록 나를 지켰던 것은 과연 무엇이었는지 돌아본다. 아련하지만 시련과 고난을 기다림과 인내로 극복함으로써, 내가 성숙하게 된 계기가 되었던 것은 아닐까.

그것 말고도 이런 비탈에서 나를 지킨 것은, 그것을 받아들이고 변화를 위한 기회로 삼아 새로운 방향을 꾸준히 찾았던 것이라는 생각도 든다.

인생의 고난과 역경은 결코 끝이 없을 것이다. 그러나 그 각각의 길 끝은 언제나 새로이 변화될 기회이며 시작이라는 생각을 깨달아 가면서, 인내와 기다림의 지혜를 바탕으로 인생의 비탈길을 마주한다면, 극복의 의지와 힘은 또 다른 방향을 찾는 용기와 희망으로 나타나, 비탈진 인생의 여정 속에 있는 나를 더욱 강하게 하여, 성숙한 삶의 밑거름이 되게 할 것이다.

28

나를 지켜 온 사랑

　사랑이라는 따뜻한 감정이 우리 삶에서 자신을 지켜 주는 데 힘이 되어 주는, 어떤 중요한 역할을 한다는 것은 당연한 일이라 하겠다. 사랑이라는 것이 그저 감정적 교류나 일시적 느낌이 아니라, 나를 근본적으로 지탱하는 가장 큰 힘의 원동력이라는 믿음을 가져 본다.

　나 자신의 삶에서 이뤄지는 다양한 관계에서 생겨나는 사랑의 형태- 가족, 친구, 연인, 그리고 나 자신에 대한 사랑 속에서, 어떤 사랑이 나를 지켜 오는 데 영향을 주었는지 돌아보는 시간이다. 정말 여러 사랑을 통해서 위로를 받아들이면서 힘을 얻어, 어려웠던 시기를 헤쳐 나갈 수 있었고, 때로는 고통스러웠던 사랑을 아름답게 만들었던 것들도 생각해 본다.

사랑은 때로는 힘겨운 순간에 희망의 불씨를 제공하고 인내와 용기의 원천이 되기도 한다. 이것은 분명 나를 더 나은 사람으로 변화시키는 데 가장 중요한 요소가 되지 않았을까.

오늘도 사랑이라는 것이 감정에 대한 것을 통해서 깊은 영향을 미치는 것을 생각하고, 사랑을 통해 얻는 위로와 힘이 나 자신을 지킬 수 있다고 나 스스로에게 격려와 감사를 보내 보는 날이다.

인생은 긴 여행이라고들 이야기한다. 가깝게는 지금 이 순간이라도 내 동반자와의 사랑을 소중히 생각하면서, 인생의 긴 여행을 순풍에 돛 달듯이 하여 항해를 다시 시작해 보기를 내게 권유해 본다.

29

그리운 어머니

어머니에 대한 그리움과 사랑은 누구에게나 아름다운 추억이고 현실이다. 어머니가 나 자신의 삶에 미친 깊은 애정의 영향은, 어머니와 함께한 시간을 통해 사랑과 가르침과 감사의 의미를 심어 주셨던 은혜 덕분이기에, 지금은 더욱 애틋한 그리움으로 다가온다. 태어나면서 내 인생의 방향을 제시해 준 존재이며, 마지막 순간까지 사랑의 따뜻함을 남겨 주신 어머니….

나 자신이 나이 들면서 하나씩 삶의 단계를 올릴 때마다, 나 자신을 지탱해 주시던 어머니의 모습을 떠올려 보면, 오히려 당신은 하나씩 버리면서 살았던 삶의 궤적이 유난히도 크게 다가와 안쓰럽고 후회스러운 날이다.

다시금 "그리운 어머니"와의 추억을 되새기며 어머니가 주셨던 사랑과 희생을 돌아보면서, 어머니의 존재가 얼마나 큰 의미를 지니고 있으며, 그리움의 감정 또한 내 삶의 전부가 된 것 같은데도, 또 다른 그리움이 나를 크게 흔들어 대고 있음을 느끼고 있다.

오늘도 그 그리움은 단순히 과거의 추억을 떠올리는 것이 아닌, 어머니의 가르침이 바탕이 되어 살고 있는 현재의 나를 생각하게 한다. 어머니의 따뜻한 마음이 오늘 유난히도 그리운 날이다.

삶의 진정성과 가치를 손수 몸과 마음으로 전해 주셨던 그리운 어머니…. 내 인생의 남은 여정 속에서도 변함없는 큰 거울이 되어 항시 나를 비춰 주시기를 기도해 본다.

나를 위해 살아 보자

　나 자신의 삶에 내가 주체가 되어 살아간다는 것은, 어쩌면 타인의 기대나 사회적 기준에 의해서 살아가는 삶의 생활에서 벗어나, 자기 자신을 존중하고 성장의 시절을 주도적으로 살아간다는 것인데, 결국은 나를 위해 살아가는 것이 아니겠는가.

　"나를 위해 살아 보자"라는 생각은, 나 자신의 삶의 가치와 자아를 찾을 수 있는, 즉 자신이 진정 원하는 삶이 무엇인지 심각하게 생각해 보자는 것일 텐데, 그러면 도리어 생각은 지난 시간만 숙연히 뒤돌아보게만 한다. 나도 마찬가지로 많은 사람들이 다른 사람들의 기대나 사회적 규범에 맞추어 살아가다 보니, 그 속에서 자기 자신을 잃어버리는 주체성이 없어진 경우가 많은 현실 때문이기도 하다.

오늘은 나를 위해 살아가는 것이 이기적이거나 다른 사람을 배척하는 것이 아닌, 다른 사람에게도 긍정의 영향과 진정한 자신들을 찾게 해 줄 수도 있다는, 삶의 지혜를 깨닫는 시간이기도 하다.

스스로 과거 자신을 위해 살지 못한 경험을 돌아보며, 그로 인해 느꼈던 후회와 그것을 극복했던 과정들을 생각할 때면, "나를 위해 살아 보자"는 단순히 개인적인 욕망의 삶을 추구하는 것을 넘어, 이제는 상대와 나 자신을 인정하고 이해하며 존중해야 하는 것으로 여겨진다.

사람들은 자기 자신을 사랑하고 인정하는 것에서부터 진정한 행복이 시작된다고도 했다. 오늘도 자신을 위한 주체적인 삶의 중요성을 깨닫고, 나 자신의 삶이 다른 사람의 기대치를 넘어서서 자신이 원하는 방향으로 삶을 잘 살아간다면, 자아존중과 자기인식의 변화를 통한 삶의 질이, 이렇게도 바뀔 수 있다는 것을 체험할 수 있을 것으로 생각된다. 희망과 용기도 배가됨을….

31

함께 걷는 길

　삶에 있어 공동체 생활 중의 중요성 중 하나인, '함께 걸어가는 삶'은 본질적으로 목적을 위한 유기적 통일체에서의 생활이나 행동의 규범을 넘어서, 서로의 배려와 사랑의 실천을 함께 함으로써, 동행하여 걸어가는 삶 자체가 아름답게 보인다고들 표현한다.

　혼자가 아니라 함께 살아가는 삶의 가치는, 우리에게 소통과 협력이라는 것이 얼마나 중요한가를 인식시켜 주고 있다. "함께 걷는 길"은 단편적인 면에서 두 사람 이상의 동행이라는 의미만이 아니라, 서로 다른 사람들과 함께 살아가는 과정에서, "함께 걷는 길"을 통해 서로가 주고받는 정보와 이타적인 마음의 교감 속에서, 삶의 질 향상과 진실을 찾아가는 것이라 할 수 있다.

"우리 삶에서 가장 무거운 짐은 '육체적 짐'이 아니라 '정신적인 짐'이다"라는 이야기도 있다. 함께 걷는 길에서도 우리는 육체적 짐보다 정신적 짐을 나누는 것이 정말 중요하다는 생각이다.

여러 사람들과 함께 걸어온 삶의 여정 속에서, 그 여정에서 얻은 인사이트(Insight: 통찰력, 식견, 이해)들을 나눈다면 "함께 걷는 길"은 때로는 어려움과 갈등을 동반하지만, 그 속에서 더 깊은 이해와 부드러운 관계 설정에 따른 문제 해결의 해법을 찾을 수도 있다는 것을 알 수 있을 것이다. 나 혼자 개인의 길이 아닌 "함께하는 길"이 주는 느낌에는 또 다른 수준의 기쁨과 감사까지 더해져 있다는 생각이다.

사람들과의 관계 속에서 소통으로 인해 얻는 소중한 이야기와 감동은, 분명 인간관계 공동체의 중요성을 깊게 되새기게 하고도 남을 것이다. 오늘도 서로 손을 맞잡고 함께 나가는 삶, 협력과 이해로 살아가려고 노력하는 마음들 속에는 분명, "함께 걷는 길"이 아름다운 큰 축복이 있는 길임을 서로가 잘 알고 있으리라 확신해 본다.

32

쉼의 감사

바쁘고 복잡한 일상 속에서 쉼과 휴식은, 감사와 평안의 시간으로 찾아오는 것 같다. 누군가 이야기한 것처럼 삶이란 일직선이 아니라, 태어나면서 죽음에 이르기까지 그 길은 지그재그로 되어 있고, 회전에 회전을 거듭하는 가운데 살아간다고 한다.

이런 속에서 쉼이라는 것이 그저 휴식만이 아닌, 삶의 중요한 단계에서 정상궤도의 유지력 회복을 만드는 원동력이라고 할 수 있다면, 쉼의 감사도 어쩌면 굴곡 속에서 찾아오는 축복이 아닌가 하는 생각마저 들게 만든다.

바쁘다는 핑계로 쉼이라는 것을 잊은 채 살다가, 어느 날 걷잡을 수 없는 정신적, 육체적 피곤함이 쌓여 갈 때가 되어서야, 휴식이라는 것이 얼마나 중요했던가 깨닫게 되는 삶을 사는 것이, 오늘을 사는 현대인의 삶이 아니겠는가.

쉼이라는 것을 통해 다시 일어설 수 있는 힘을 얻고, 더 나아가 감정적으로나 정신적으로 재충전을 함으로써, 삶의 진정한 모습을 내다볼 수 있는 기회와 힘과 용기도 생기는 것이라 깨닫는 하루다.

오늘 다시 내가 겪고 있는 바쁜 일상 속에서 쉼의 순간을 찾아내고, 그로 인해 감사와 평온함의 시간을 찾아보고 싶다. 더 나아가 쉼은 멈춤이 아닌 쉼을 통해 나를 돌아보고 마음을 가다듬으며, 그동안 놓쳤던 것들을 발견하고 삶의 소중한 가치를 다시 확인하는 시간이 되었으면 하며, 삶과 쉼에 대한 감사도 더 키워 나가야 할 것 같다.

우리 모두 쉼의 시간을 스스로 허락하고, 그 시간 마음의 여유와 감사를 느끼면서, 자신과의 소통 속에서 안정적인 삶의 질을 높이는 귀한 쉼의 시간이 되길 간절히 빌어 본다.

함께 사는 삶

함께 살아가는 삶의 가치는, 다른 사람과의 물리적 동기를 넘어 서로를 이해하고 지지하며 함께 성장하는 삶의 방식에 있다고들 한다. 사회적 맥락에서는 함께 살아가는 삶의 가치는, 인간은 혼자 살 수 없으며 다른 사람과의 관계 속에서, 자신을 발견하고 더 나은 삶의 주제를 찾기 위해 서로 협력하면서 사는 것이라는 생각이기도 하다.

"함께 사는 삶" 속에 소통과 협력, 상호이해의 깊이는 우리의 삶을 어떤 방향으로 살아야 하는지를 보여 주는 거울이 되기도 할 것 같다. 우리는 삶에서 만나는 다양한 사람들과의 경험을 바탕으로, 함께 살아간다는 것은 타인과의 연결이 의무적이거나 사회적 요구가 아닌, 서로를 존중하고 지지하는 관계에서 나오는 깊은 인본적 가치에 있음을 이야기해 보고 싶다.

현대를 사는 사람은 삶을 '반쯤 살아 있는 느낌'이라고들 이야기한다. 이 정도만 이야기하더라도 긍정적으로 볼 수 있으나, 실제로는 '반쯤 죽어 있는 느낌'이라는 사람들이 많다고 한다. 이런 삶 속에서 "함께 사는 삶"은 어쩌면 삶의 반쪽을 낭비하더라도 누군가 함께한다는 존재감을 느낀다면, 분명 그 속에는 삶의 희망이 긍정적으로 바뀌어 갈 수 있는 것은 아닐까 하는 생각이다.

우리는 분명 혼자가 아님을 다시금 깨닫고, 서로를 돕고 함께 살아가는 가치와 의미와 힘을 믿어 보자…. 특히 오늘은 "함께 사는 삶"이 주는 인생의 참맛을 느끼는 그런 한 사람이 되고 싶다. 그리운 사람을 생각하며….

그리운 사람

　마음속에서 '보고 싶다'는 애틋함이 쌓인다는 것은 나 자신이 "그리운 사람"을 찾는 신호가 아니겠는가.

　잃어버린 시간 속에서 떠오르는 한 사람…. 그리고 그 존재에 대한 따뜻함을 회상하면서 마음 한구석에 쌓여 있는 추억의 잔재를 열심히 헤치고 있다.

　모든 것이 감정적이고 서정적인 면을 넘어, 누구나 공감할 수 있는 그런 그리운 사람을 만들기 위해, 또 다른 마음의 공간에 소중함을 그려 넣고 있는 것이다.

　기억의 희미한 그림자가 환한 빛 속에 사라질지라도, 그 그리운 사람을 찾는 또 다른 나만의 열정적 가슴의 빈 공간엔, 묻혀 있던 깊은 인연의 소중한 의미를 다시금 되새기게 하는 설렘으로 나타나고 있다.

어제의 희미한 기억으로 묻혀 그리움이 흔들리더라도, 내일의 희망을 찾아가면서 영원히 함께하겠다는 약속을 다시 한 번 만들어 보고 싶다.

인생은 새로운 것에 지난 그리운 기억을 잊어 간다고 하지만, 오늘 나는 "그리운 사람"을 떠올리며, 지난 기억 속에 희미하게나마 각인되어 있는 소중한 추억의 기쁨을 찾아가는 회상의 시간을 갖고 싶다.

어둠이 머무는 곳

대인관계에서의 어둠과 그 안에 숨겨진 의미를 생각해 본다면, 그곳에는 어떤 사람들이 다른 사람의 삶을 억누르는 것 같은, "어둠"이라는 부정적 내면이 담겨져 있으리라 느껴지지만, 그 속에 숨겨진 의미는 분명 또 다른 희망의 시작인 새로운 불꽃이 준비될 수도 있다는 생각이 들곤 한다.

사람관계에서의 "어둠"은 우리 삶에서 피할 수 없는 대상이지만, 원만한 대인관계를 위해 나름대로 나 자신과 깊이 있는 대화도 시도해 보고, 상대 또는 외부와의 부정적 사건이나 상황들을 찾아내고 이해와 타협으로 문제를 해결하려는 과정 중에, 각자의 마음에서 겪는 고통, 상실감, 불안 같은 것들로 넓게는 대인 혐오 현상이라고도 할 수 있을 것 같다.

수많은 사람들이 각자의 개성에 따른 인간관계를 형성해 나가는 만큼 그 어둠의 종류 또한 무수히 많을 것이며, 그 많은 어둠은 항시 어디에서든 존재하고 있을 것이다. 어둠이 완전히 사라지지 않는 가운데, 그 속에서 나를 다시금 발견할 수 있는 능력과 방법을 찾아낸다면 "어둠이 머무는 곳", 그곳은 어제의 그 어둠이 아닐 것이다.

오늘도 어느 순간 수많은 일들이 꼬이며 마주한 불안과 고통들을 받아들이면서, 상대도 이해하고 나를 더욱 강하게 만들고 싶은 욕심도 생기고, 차제에 나의 성장을 위한 새로운 용기와 희망을 키우는 성찰의 시간을 갖고 싶다. 어둠은 분명 우리가 외면해 버리고 싶은 상황이나 감정이지만, 받아들이는 용기만 있다면 또 다른 삶의 가치와 방향과 깊이도 가늠해 볼 수도 있을 것 같다.

우리가 살면서 어둠을 어떻게 바라보느냐와, 그것을 통해 더 나은 나를 발견하고 더 나은 삶의 희망이라는 여정을 그려 본다면, 그 어둠은 빛을 찾아가는 새로운 기회의 이정표가 될 수 있음도 예측해 본다. 따라서 "어둠이 머무는 곳"은 끝이 아닌 빛으로 가는 삶의 기회임을 깨달으며, 마주하는 어둠의 그림자를 하나씩 지워 본다.

36

그곳에 내가 있다

자신이 겪어 온 삶의 다양한 경험 속에서, 특정 장소나 특정한 기억의 공간인 그곳에 있는 나 자신을 발견하는 것도 흥미로운 일이다.

"그곳"이라는 것은 어디를 가리키는 단순한 물리적 장소를 넘어, 기억과 감정이 얽힌 특별한 마음의 공간을 의미하고, 추억이랄 수도 있는 그곳에서 나를 다시금 되새겨 보는 시간 또한 나에게는 또 다른 나를 발견하는 시간들이기도 하다.

나 자신이 지나온 길의 기억들과 특별한 장소를 다시금 생각해 보면서, 그곳에서 나를 찾아보려는 기억의 편린(片鱗)들은 내가 갖고 싶은 여유의 시간이기도 하다.

"그곳에 내가 있다"는 것처럼 특정 장소나 기억이 나의 정체성과는 어떤 연결고리가 통해 있나 나 자신을 다시금 되돌아보게 하고 싶기도 하다. 그곳은 때로는 고향이나 기억 속의 장소일 수도 있고, 때로는 내 마음속 깊은 곳의 특별한 공간일 수도 있을 것이다.

내가 살았던 곳, 사랑했던 사람, 그리고 수많은 경험 속에 얽혀 있는 기억의 그곳에서 자신의 모습을 찾아보는 것 또한, 그 하나하나의 감정과 회상 속에서 감사와 기쁨도 맛볼 수 있을 것이라는 생각이, 나를 생명이 살아 숨 쉬는 활기찬 삶으로 살아 나가게 하고 있음을 발견하기도 한다.

우리는 지난 기억과 감정이 현재와 어떻게 연결됐는지, 그리고 어떻게 그 속에서 나 자신이 생을 유지해 왔는지, 앞으로의 삶에는 어떤 상황으로 나타날지 숙고하는 시간도 필요할 수 있겠다.

오늘도 마음의 장소를 통해서, 나를 돌아보고 과거의 경험과 현재를 연결해 가면서, 나의 삶의 뿌리를 깊이 굽어보며 "그곳에 내가 있음"을 상기해 보고 싶다.

사랑이 머문 자리

 삶의 긴 여정 속에서 누군가와 나누었던 사랑이라는 감정들이, 긴 겨울 속에 있는 나의 마음을 꿈틀거리게 만들고 있다. 누군가 이야기했던 '가방 속에 산 채로 매장된' 감정들이 있다.

 그것들을 계속 부정적인 기억으로만 가둬 둔다면, 정서적으로 다른 사람들과의 관계뿐만 아니라 자기 자신과의 감상적 순수관계마저도 끊어지고 만다고 한다. 사랑의 감정이 사람 간의 관계로 삶의 본질 속에서 나타나지 않는다면, 이 또한 스스로의 관계를 발전시키지 못하고 폐쇄적으로 제자리에만 머물 수밖에 없다고 할 것이다.

 사랑이라는 것은 감정적 순간을 넘어, 삶을 변화시키고 그 변화는 놀라운 성과로 나타나, 또 다른 자신의 원동력으로 만들어

가고 있는 것은 아니겠는가. 다시 말하면 사랑이라는 것은 주어진 삶을 자기 것으로 만들어가는 긴 여행의 동반자라고 할 수 있을 것이다. 따라서 긴 사랑의 여행 속에서 머물렀던 시간과 기억은 인생에서 가장 평온을 주었던 시간이었고 장소였던 것 같다.

사랑을 나누었던 한 사람, 한 사람과의 관계 속에서 그 나눔은 나에게 어떤 영향을 주었고 방향을 제시했는지 조용히 돌아보는 시간이기도 하다. 모든 사랑이 항상 희망과 용기를 주었던 것은 아니고, 때로는 아프고 힘든 경험 속에서 방황했던 적도 있지만, "사랑이 머문 자리"는 나에게 깨우침의 시간이었고 용서를 통한 변화와 심적 평온의 장소였음을 다시금 인식해 보기도 한다.

나 자신 사랑을 통해 변화된 모습을 느껴 보면서 사랑의 깊이가 남긴 자리를 찾아보고, 나를 깊은 수렁에서 건져 주기도 했던 사랑의 묘약을 오늘 마음껏 음미하고 싶은 날이다.

38

별이 빛나는 밤

우리는 누구나 밤하늘의 별을 바라보면, 그 순간 떠오르는 자신만의 삶의 감정들이 가슴에 와닿는다고들 이야기한다. 별빛을 바라보며 어둡고 우울했던 지난날도 떠올려 보고, 또 다른 나의 미지의 세계도 떠올려 본다.

오늘도 밤하늘의 별을 바라보며 느낀 나 자신만의 감정은, 어둠을 밝히는 존재를 넘어 내 인생의 무한한 상상력을 만들어 가며 고독과 희망 속에서, 나 자신과 진솔한 대화를 나누는 시간인 것 같다. 별무리 속에서 그중 하나 나와 같은 나약한 삶의 깊이와 우울함을 간직한 듯한 작은 별을 발견하고, 그 별도 그랬다는 듯 과거의 아팠던 사랑과 상실감을 위로하고 마음에도 안아 보면서, 앞으로 다가올 삶에 대한 희망과 성취의 갈망을 얘기해 보기도 한다.

"별이 빛나는 밤"은 때로는 고독하고 외로운 순간이라고들 하지만, 나에게는 미래에 대한 생각과 함께 분명 나 자신의 내면을 반성해 보는 밤이기도 한 것이다.

"삶에는 우리가 '위기'라 부르는 순간을 포함하여 변화가 필요한 국면이 많이 있고, 그때마다 우리는 시간과 계획을 다시 짜야 하고 우리의 삶을 가볍고도 진지하게 할 수 있는 기회를 만들어야 한다"고 누군가 이야기했던 것이 기억이 난다.

별을 바라보는 것이 대단한 문제 해결의 상징이 될 수는 없을지라도, 나 자신에게서 시간의 흐름 속에서 변화된 국면을 맞아 한 번쯤 계획 수정이 필요하다면, 조용한 시간 "별이 빛나는 밤" 하늘을 바라보며, 음속의 벽을 넘어가는 위기 탈출의 꿈이 이루어지게 되기를 소원해 볼 것이다.

39

내가 살던 그곳

　내가 자란 곳과 그곳의 추억을 돌아보는 것은, 인생의 의미와 삶의 뿌리를 찾는 것이라고들 한다. 그곳은 장소를 넘어 자신의 정서적 뿌리와 기억이 얽힌 공간으로 중요한 의미를 담고 있을 것이다.

　오늘도 나 자신이 살던 고향과 자주 찾았던 장소를 추억으로 회상하면서, 그곳에서 경험하고 깨닫고 나 자신에게 영향을 주었던, 그때 환경과 사람들은 지금의 나를 있게 만들었던 소중한 텃밭들이었던 것 같다. 어쩌면 그곳들은 나 자신에게 정서적, 심리적 안식처였으며 그곳에서의 작은 일상과 사건들은, 시간이 지나면서 더욱 깊은 발자국으로 내 가슴속에 새겨져 있기도 하다.

　다시금 자아의 현실과 과거를 돌아보면서, 그곳에서 배운 인생이라는 소중한 삶의 깨달음도, 오늘은 하루 종일 내 머릿속을 떠나지 않는다. "내가 살던 그곳"은 쉽게 생각할 수 있는 그리움이나 향수를 뛰어넘어, 그곳에서 얻은 가치와 인생의 의미는 나 자신이 겪어 왔던 과거와 뿌리를 되새겨 보게 하며, 삶의 깊이를 더욱 깊게 만들어 주고 있다.

조용한 시간 사진에서 보는 것처럼 펼쳐지는 순간순간 크고 아름다웠던 그곳을, 다시금 더듬어 보며 함께한 그 시간들이 참 고마웠음을 깨닫는다.

40

사랑하는 사람아

    사랑의 감정이 우리의 마음에 어떻게 자리 잡고, 삶의 질을 또 어떻게 바꿀 수 있을까 생각을 해 보는데, 사랑의 본질은 변치 않지만 마음먹기에 따른 언행에 따라 삶에 영향을 줄 것이라 생각해 보는 날이다.

    "사랑하는 사람아"라는 제목에서 알 수 있듯이, 이 표현은 어쩌면 사랑하는 사람을 향한 따뜻하고 진지한 감정의 표현이며, 아끼고 위해 주고 싶은 마음을 내포하고 있는 부름이라고 할 수 있겠다.

    사랑이라는 것이 감정 속에서 일어나는 일시적 느낌과 충동이 아닌, 삶의 깊고 풍요로운 힘을 만드는 원천이라는 깨달음으로 인해, 오늘 유난히도 나의 사랑하는 사람을 불러 보고픈 날이다.

나 자신을 돌아보며 사랑하는 사람과 호시절(好時節) 속에서 경험한 기쁨, 슬픔 등을 되새기며, 내가 나눈 사랑이 혹여나 안타까움을 알리는 '경종'의 사랑은 아니었을까 돌아보는 시간이기도 하다.

사랑하는 사람에게 전하는 감사와 애정이 "사랑하는 사람아"라는 부름을 통해서, 더 나은 삶의 깊이를 사랑의 힘으로 이해하는 감동도 느껴 보고 싶다.

내 인생에서 어느 순간 전적으로 나의 책임이라 느꼈던 무거운 소유의 사랑도, 이제는 옷을 벗어던지듯 미지의 세계로 떠나보내고, 지금 이 순간부터는 낭만이 가득 찬 열정 속에서 가슴 뛰는 사랑으로 꾸려 나가고 싶은 하루다.

어머니 마음

어머니의 사랑과 헌신을 통한 자식에게 주는 마음은, 인생의 힘든 여정 속에서도 흔들리지 않는 가장 큰 나의 버팀목이었다.

어머니는 오늘도 무조건적인 사랑과 헌신을 통해, 한결같이 나를 지지해 주고 보살펴 주는 존재이기도 하다.

어머니가 내 품에 안겨 우리 서로의 마지막 작별을 알리는 인사를 나누는 순간까지, 어머니와의 관계는 사랑과 감사의 마음뿐일 것이다.

때로는 갈등과 아픔도 있었지만, 끝이 없이 나를 보듬고 희생을 아끼시지 않으셨던 어머니 마음과 모습을 떠올릴 때면, 가슴 한구석이 뭉클해짐을 느끼곤 한다.

이제는 어머니 마음을 존경하고 감사하며, 나에게 가르쳐 주신 삶의 방향을 다잡아 가면서, 그 안에서 어머니의 진정한 사랑의 마음을 되새겨 보고 싶다. 그 속에는 분명 깨달음도 있고 나를 바로 세울 수 있는 역동적 힘도 있을 것이다.

오늘도 어머니 마음을 생각하며, 어머니라는 존재를 다시금 깊이 가슴에 새기면서 진정한 나의 소명은, 평생을 통해 어머니의 지극한 마음에 감사함으로 살아가는 삶일 것이다. 그 소명을 잃어버리지 않기를 오늘도 간절히 기도해 본다.

42

비 오는 날의 추억

비 오는 날을 무척이나 좋아하는 사람이 있다. 그의 삶은 고요하고 서정적이며 과거의 추억을 되살아나게 만드는 사람이다.

비는 바깥의 많은 환경을 변화시키기도 하지만 우리의 내면적 세계도 바뀌게 하면서, 감성적인 분위기 속에서 사랑, 아픔, 기쁨 등의 추억들을 연출하는 요술쟁이와도 같아 보인다.

사람들은 흔히 "비"를 고독과 그리움의 상징이라고들 이야기하지만, 어쩌면 빗속에서 느끼는 감정들에는 그리운 사람이나 잃어버린 시간에 대한 흑백사진 같은 추억들로 나타나기도 하는 것 같다.

조용한 시간 창밖으로 보이는 다양한 군상들, 인생의 봄을 기다리는 새내기들을 보며, 그들도 "비 오는 날의 추억"을 통해 새로운 각본을 정리하며 또 다른 자기만의 열정을 찾아보는 것은 어떨지…. 다가가 권하고 싶다.

오늘도 비가 내리는 고요한 분위기 속에서, 과거와 현재를 오가는 삶의 여러 가지 생각으로 혼란스러우나, 내면의 평온함을 갈구하며 다양한 감정의 결을 다듬는 시간을 가져 본다.

다시금 어린 시절 "비 오는 날의 추억"을 되새기며, 지난 허물은 빗물과 함께 씻어 버리고 깨끗한 몸으로 다시 태어나는 기분을 통해, 늘 나 자신을 새롭게 해 보고 싶은 날이기도 하다.

잘못된 출발을 실수로 치부하여 포기하지 않고, 다시 새로운 마음가짐을 새겨 가며 내일을 향한 도전의 결기를 보여 주는 계기가 되는 날인 오늘 이 순간, 또 다른 비 오는 날의 추억으로 어김없이 만들어 보고 싶다. 가장 놀라운 내일을 위해….

43

작은 삶의 둘레길

소소한 일상에서 발견하는 삶의 의미와 가치를 중심으로, 그 속에서 자연의 변화와 삶을 돌아보는 마음은, 항상 나에게 새로운 길을 찾게 하는 동기가 되고는 한다.

삶의 길을 더 깊이 있게 만들어 주는 길, 내 삶의 일상에서 잠시 벗어나 속도와 스트레스에 휘둘리고 있는 여정을 잠시 멈추고, 나를 돌아볼 수 있는 길을 걷는 것은 참으로 행복한 둘레길이 아니겠는가.

인생의 둘레길에서 마주하는 수많은 사람과 자연의 만남은, 인생의 진정한 의미를 찾아가는 길의 스승들이고 이정표들이며, 다음이라는 둘레길에서도 맞이하게 되는 모든 살아 있는 생명체들의 삶의 방향표시이다.

커다란 사건 속의 일상이 아닌 아주 자연스럽고 작은 모습에서 얻는 깨달음도, 결국 우리 삶의 참맛을 느끼게 하는 순수가치를 찾아가는 모습이기도 하다. 오늘도 쉽게 지나가는 작은 순간들이, 나중에는 나에게 어떤 큰 의미를 지니게 할지 조심스러운 날이기도 하다.

급하게 돌아가는 현대사회 속에서, 어쩌면 재능을 인정받고 뽐내고 싶은 마음도 일시 멈추고서, 겸손함을 갖추는 느린 시간 속으로 나를 넘어가게 하고 싶다. 좀 더 분명하고 구체적인 길이 아닐지라도, 어느 순간 나에게 평안을 안겨 주는 "작은 삶의 둘레길"은, 신이 나에게 조용히 가르쳐 준 진실의 통로임을 깨닫게 해 주는 시간들이기도 하다.

철학적 깊이가 없더라도 오늘 그 길은 나의 일상의 고단함을 벗어나게 해 주며, 최종에서 변하는 소용돌이 속에서 바른 가르침을 알려 주는 "작은 삶의 둘레길"이 나의 길이기에, 생존의 다툼과 치열한 삶 속에서 영원히 나를 지켜 줄 정신적 방패로 굳건하게 오랫동안 남아 있으리라 믿어 본다.

44

가을의 사랑 이야기

가을이라면 풍성함이 느껴지는데, 그런 가운데 "가을의 사랑 이야기"는 사랑이 무르익어 열매를 맺고 수확하는 계절에 맞춰, 진정한 삶의 본질인 가장 풍요롭고 행복한 이야기가 되어, 이 가을의 소식으로 많이 들려온다.

세월이 흐르듯 사랑도 시간과 함께 변화하면서, 가을의 사랑은 더욱더 아름다운 모습을 그려 내고 있을 것임에 틀림없는 것 같다.

자연이 계절이라는 변화를 통해 각기 다른 사랑의 모습을 연출하면서, 풍요롭던 사랑은 어느덧 낙엽처럼 떨어지면서 아름다운 사랑의 축복을 뒤로한 채 아쉬움과 함께 또 다른 뒷모습을 보여주는 것은 왜일까. 따라서 우리가 느끼는 "가을의 사랑 이야기"가

항상 행복이 넘치는 사랑만은 아닌 듯하다.

오늘도 "가을의 사랑 이야기"처럼 풍요와 아쉬움을 함께 느끼며, 사랑하는 사람들과 함께 살면서 바람직한 사랑의 나의 본모습을 잃지 않고, 끊임없이 나를 재발견해 나가는 과정을 생각해 본다.

나도 내가 하는 사랑이 다른 사람의 삶에도 뭔가 기여를 할 수 있는 애정관을 만들며 살아 보자 노력해 보았지만, 내가 원하는 삶대로 세상은 결코 행복한 사랑으로만 만들어 가지 않음을 새삼 느껴 본다.

정말 이 가을을 느끼기 좋은 장소에서, 사랑하는 사람과 다시금 결실의 계절을 되돌아보고, 서로 다른 사랑을 이야기 하더라도 그 사랑이 한곳을 가리키는, 그런 "가을의 사랑 이야기"를 나누고 싶다. 봄의 씨앗이 그곳에 있음을 같이 얘기도 하며….

비 오는 날 사랑의 상념

오늘같이 비 오는 날의 고요함과 감성적 분위기는, 사랑과 삶에 대한 진지한 생각을 하게 하는 날이다.

지금 내가 생각하는 멀리 있는 사랑은 무엇이고, 영원히 떠남이 없는 둥지에서 나누는 뜨거운 사랑은 무엇인지…. 정말 이야기하고 돌아보고 싶은 시간이기도 하다.

빗속에서 느끼는 감상적 사랑의 감정과 마음의 변화를 넘어, 그 속에 있는 사랑의 갈등, 상실, 그리움을 말로는 다 설명할 수는 없을지라도, 그 어떤 눈빛과 모습만이라도 내 품 안에서 나누고 싶다.

비 오는 날의 나의 마음의 색깔은 무엇일까 생각해 보지만, 여전히 그 색깔을 찾지 못하고 기쁨과 허전함이 뒤섞이며 사랑의 깊이를 더욱 가늠하지 못하게 하고 있다.

비 오는 날 우산 없이 흠뻑 비를 맞으며 걸어야 했던 지난 시절의 눅눅했던 기억 속에서, 함께 살아왔던 가족이라는 모습도 생각해 본다.

점점 어른이 되면서 상처처럼 다가왔던 그때의 기억들을 고개를 갸웃거리며 이해하려 해 보았지만, 치유의 시간을 놓치면서 마음속 깊이 알 수 없는 복잡함만 더 깊게 새겨 주고 있다.

오늘은 지난 시절의 비 오는 날 뒤섞인 마음의 허전함을 극복해 보려고 노력하면서, 속박에서 벗어나더라도 결코 산만하지 않은 감사와 기쁨의 모습으로, "비 오는 날의 사랑"을 그 누군가에게 전하고 싶다.

사랑의 깊이는 말로 표현할 수 없지만, 비 오는 날의 사랑은 나의 가장 좋은 방법으로 차분히 내면에 간직하고, 밝았던 사랑과 축복의 탑도 하나씩 쌓아 가는 모습도 비 그친 마음에 펼쳐지기를 기대해 본다.

어머니

내가 매우 좋아하는 주제 중 하나는 "어머니"다. "어머니"라는 존재와 큰 울타리는 단순한 가족구성원의 모습을 넘어, 삶의 목적과 방향마저도 바꾸어 버릴 만큼 큰 거대한 그림자 속에 묻혀, 우리는 하루하루 안락하게 살아가고 있다.

조용한 시간 그 동안 어머니와 함께했던 시간을 떠올리며, 그 속에서 소중했던 삶의 의미들을 생각하다 보니 어머니가 나에게 주셨던 가르침과 가치관들이, 지금의 나를 여기까지 오도록 지탱하게 한 가장 큰 힘이었다는 것을 깨닫게 된다. 어머니의 삶은 고단함의 연속이었지만, 차마 그 어려움을 입 밖으로 꺼내지 못하고 사셨던 모습을 떠올리다 보니, 정말 사무치게 어머니가 보고 싶기도 하다.

특히나 4형제 중 방향감각을 가장 많이 잃어서, 도대체 "넌 커서 무엇이 될지 걱정스럽다"는 푸념 같은 말씀도, 아마 가슴속의 사랑이었을 것이라는 생각에 이제는 그 소리도 조금씩 안으로 품으며 그리움으로 떠오르고 있다.

사람은 누구나 자신이 쓸모 있는 존재임을 느낄 때 엄청난 활력이 샘솟으며, 자신을 누군가가 믿어 줄 때 신나서 어떤 일이든 거침없이 해 나간다고 한다. 분명 "어머니"는 나에게 오직 당신이 지니고 있는 모든 헌신적인 사랑을 통해서, 내 마음속에 깊이 존재감과 믿음을 심어 주셨던 것 같다.

오늘 무엇인가의 단단한 끈 하나로 이어진 것 같은 어머니와 나의 인연은, 영원한 기쁨과 감사로 다가오며 또 다른 진한 그리움으로 다가오고 있음을 강하게 느끼며, 어머니 생각으로 하루를 마감해 본다.

47

호수가 주는 마음

    나는 유난히도 호수 주변을 걷는 것을 좋아한다. 호수라는 고요한 자연의 모습을 통해 얻어지는 마음의 편안함과 차분함은, 그 자체만으로도 나에게 항상 안정감을 주고 있다.

    주변의 작은 산봉우리와 호수가 어울려 절경을 이루는 둘레길을 걷게 될 때면, 잔잔한 호수의 물결과, 때로는 바람에 흔들리며 작은 파도처럼 움직이는 물결 위를 걷는 듯한 한 걸음 한 걸음은, 나의 마음을 어느덧 고요와 평안으로 만들어 가고 있다.

    호수 건너로 보이는 산의 모습과 그 위에 머물러 있는 구름의 아름다운 모습까지 겹쳐지게 되면, 이 모습을 마음에 새기고 더 오래 기억할 수 있도록 나는 걷는 시간을 늦추고 있다.

언제부터인지 모르겠으나 여러 가지 갈등과 혼란이 일어나면 마음의 안정을 찾기 위해 찾았던 호수가, 이제는 나에게 마음의 치유와 회복을 가져다주는 주치의가 된 셈이다. 항상 나의 감정을 받아 주는 곳, 고요하게 나의 마음을 정리하는 곳으로 어느덧 나의 발길은 옮겨지고 있다.

조금은 안타깝지만 나만의 시행착오로 일어나는 수많은 고통의 짐들을 풀어헤치고 호수를 떠날 때면, 내가 원했던 완전한 자유인이 되어 있지 않음에 가끔은 아쉬움이 남지만, 그래도 다시 올 것이라는 마음을 알아주는 호수의 잔잔한 마음을 알기에 오늘은 조용히 떠나 본다.

48

혼저 옵서예

모처럼 짧은 나들이를 제주도로 향했다. 제주도에 일 년에 한 두 번은 들르곤 했지만, 짜인 일정 때문에 회의만 참석하고 돌아왔던 탓에 제주도가 오늘도 어김없이 낯설어 보인다.

이번만큼은 자유로운 영혼이 되어, 제주도 이곳저곳을 다니면서 제주도만이 나에게 줄 수 있는 휴식의 시간을 갖고 싶었다.

제주도가 갖고 있는 독특한 문화와 언어를 돌아보면서, 과거 고립되었던 섬 문화의 독창성이 제주 사람들의 마음에 녹아들어 그런지, 따뜻한 마음의 환대를 더 느낄 수 있게 해 주는 것 같았다.

"혼저 옵서예"를 접할 때면 혹시나 "혼자 오세요"라는 이야기로 쉽게 이해할 수 있으나, 제주도 방언에서 표현된 이 말은 제주도의 매력을 듬뿍 담은 "어서 오세요"라는 의미로 여행의 즐거움을 더 잘 이해하게 만들어 주고 있다. 단순한 방언이 아닌 제주도 사투리에서 깨닫는 언어들은, 섬이라는 지리적 특성을 더해 주면서 제주어라고 표현되기도 했다고 한다.

우리가 정말 지켜야 할 이 땅이 고려시대에는 100년 이상 몽골의 지배를 받기도 했고, 조선시대 때에는 폐쇄된 환경 속에서 오랜 기간 독자성을 갖기도 하였지만, 피지배자의 억눌림과 소외된 환경 속에서도, 수호와 풍요로움을 이어 주는 "설문대 할망"의 전통신화 이야기는, 제주의 아픈 기억을 또 다른 창조성으로 만들어져 전해지고 있어 그 문화의 깊이를 더해 주고 있다.

고즈넉한 풍경을 주며 바람을 막아 준다는 "돌담길", 제주만의 독특한 직업이기도 한 "해녀", 전통 축제인 "삼춘 할망제", "제주 벚꽃 축제" 등을 통해 제주만의 전통성도 엿볼 수 있는 시간이기도 했다.

빼놓을 수 없는 먹거리들 또한 나의 미식감을 만족 시켜 주고 있었다. 흑돼지, 자리돔회, 오분자 뚝배기 등은 조리법이 단조롭지만, 자연의 맛을 많이 살렸다며 심심하면서 투박했지만 진심이 담긴 그 음식은 인간미까지 느껴지고 있었다.

　가장 큰 특징 중 하나는 밥을 가족 수대로 따로 뜨지 않고, "양푼이"라는 놋그릇 하나에 담아 밥상 한가운데 두고, 가족이 둘러앉아 같이 먹었다는 이야기를 들을 때면, 정말 제주도 아낙네들의 일상이 얼마나 곽곽한 생활이었는지 엿볼 수 있었다.

　오래전부터 제주도의 척박한 환경에서 생존하기 위해, 자연이 주는 산물의 혜택을 십분 활용하여 어렵게 살아왔으면서도, 손님을 대하는 제주인만의 진실된 따뜻함은 이번 여행을 통해서 깊이 느끼기에 충분했다. 특히 소박함이 주는 작은 축복은, 제주도의 깊은 매력으로 나에게 긴 추억으로 남게 되고 값진 휴식이 되었음을 감사하게 생각한다.

중장년의 가장들

우리의 삶은 매 단계마다 인생관이 달라진다고 한다. 특히 중장년이라는 시기는 일생에 중기에 해당하는 시기로 문화와 시대에 따라 다르지만, 보통의 경우 40대부터 60대 초반까지로 정의하고 싶다.

많은 책임감과 기대를 짊어지는 시기이며, 노년을 준비하는 가장 중요한 시기라고 생각한다. 중장년의 가장들은 대개 가정의 경제적, 정서적으로 기둥 역할을 하며, 자녀들의 교육과 부모님의 돌봄 등 가장 활발하게 가족관계를 고려해야 할 때인 것도 사실인 것 같다.

이 시기에 가장들은 자신의 경력, 건강, 자녀들의 성장 등 어느 것 하나 소홀히 할 수 없는 시기로, 즐거움보다 힘들다는 현실이 그들의 어깨를 짓누르고 있기도 하다.

종종 "자신의 정체성"에 많은 생각을 하게 되고, 자녀들이 성장하면서 독립할 때면 조금은 부모로서 역할이 줄긴 해도, 자신의 개인적 삶에 대한 고민이 새롭게 시작된다고 한다. 더 큰 꿈을 꾸기도 하고, 반면 또 어떤 사람들은 과거 일에 얽매여 후회와 미련에 힘들어한다고 한다.

또한 건강과 노후 준비에 신경 쓰게 되면서, 많은 중장년의 가장들은 미래에 대한 고민에 얽매여, 자신의 가치관을 자칫 잃어버릴 수도 있다고 한다.

그러나 고민만 할 때는 아닌 듯하다. 힘들수록 운동, 식습관 관리, 건강검진 등을 통해 자신을 돌아보고, 노후를 위한 재정적 준비나 은퇴 후 삶에 대한 계획을 설계해 가면서, 분명 미래를 촘촘하게 준비해야 할 것 같다.

더 나아가 가장으로서 부모님과 자녀 사이에 중심적 역할을 해 나가고 있으므로, 육체적으로도 많은 에니지를 소모하고 있으므로, 건강관리에 더 많은 노력을 해야 할 시기이기도 하다.

배우자와의 관계도 자녀가 성장해 가고 독립하게 되면서, 생활 패턴의 변화가 오며 시간 관리도 달라지므로, 많은 대화와 새로운 소통방법을 찾아야 하며, 다시 말하면 "사랑"이란 마음도 되돌아보고 다독여야 하는 시기인 것 같다.

이제 우리의 "중장년의 가장들"은 사회적 역할과 존재감을 더 키워 나가며, 사회적 기대 속에서도 자신의 존재를 재인식해 보고, 다시금 자아실현을 위한 도전과 새로운 목표를 설정하여, 삶의 의미를 끊임없이 재발견해 나가는 각별한 노력이 필요하지 않을까….

가을의 축복

　가을이 주는 선물과 같은 풍성한 자연적 풍경은, 오감으로 느끼는 계절의 변화만이 아니라, 감성적으로도 많은 사람에게 특별한 의미를 심어 주고 있다.

　서늘한 공기, 풍성한 수확, 그리고 자연의 다양한 색깔 변화에서 느끼게 되는 아름다움은, 우리의 삶에 축복을 더해 주고 있다.

　또한 "가을의 축복"은 자연의 변화와 감동 속에서, 우리에게 새로운 시작과 감사하는 마음을 심어 주고 있으며, 이 계절의 축복은 노력의 시간이 결실을 맺는 큰 기쁨을 안겨 주고 있기도 하다.

　한편 가을은 지연이 빚어내는 아름다운 색깔을 선사하는 시기로, 단풍이 물들고 하늘은 더 맑고 선명하게 빛나, 그 풍경이야말로 자연의 변화무쌍함에 그저 놀라운 감탄만을 자아내게 하고 있다.

가을의 황홀한 색감이 마음의 평안과 안정을 주며 더 나아가 정신적 위로와 치유의 시간을 제공한다는 것도 느끼면서, "가을의 축복"이 이런 면도 있다는 것을 나를 일깨워 주는 것 같은 날이다.

오늘도 고요한 아름다움 속에서 가을을 맞이하면서, 인생에서 마주하는 변화의 축복은 어떤 것인가 생각해 본다.

바쁜 격정적인 여름을 지나, 이 가을에 몸과 마음도 자연스럽게 안정적으로 회복되는 것도 가을의 축복이 아니겠는가. 일상에 지쳐 있는 우리의 모습 속에서 가을이 주는 휴식과 여유는, 가을을 감사의 계절로 내 마음에 다가오게 하고 있음을 강하게 느끼며 살아가고 있다.

다시금 그동안 지나온 길을 되돌아보며, 내가 이룬 것들에 대한 감사와 미래에 대한 희망도 가져 보고 싶다.

따뜻한 차 한 잔과 함께 격의 없는 소소한 대화를 나누며, 아가페(Agape)적인 사랑을 실천하는 하루가 되기를 바라는 시간이기도 하다.

유난히 긴 옷을 입고 걷는 사람들의 모습 속에서, 따뜻한 사랑의 감정이 한층 더 진하게 나에게 다가오는 것 같다.

나누는 기쁨, 나누는 미덕을 되새기며, "가을의 축복"이 분명 나의 삶 속에 들어와 그 자체로 인생의 풍성함을 만들어 가고 싶은 날이 되기를 오늘도 기대해 본다.

불효한 삶

오랜 시간 어머니와 같이 생활하다 보니, "효도"라는 중요한 가치가 내 생활 속에 얼마나 살아 숨 쉬고 있는지 돌아보게 한다.

부모님을 존경하고 돌보는 것이 자녀의 중요한 의무라고들 이야기하지만, 가끔은 불효라는 언저리의 삶이 신뢰와 사랑을 약화시키는 현상이 생기면서부터 또 다른 나의 모습을 발견할 때가 있었다.

나뿐만 아니라 부모님의 고난과 희생을 인정하면서도, 필요할 때 부모님을 돌보지 않는 수많은 주위의 안타까운 모습들을 볼 때면, 어쩌면 삶의 기본적 가치마저 상실된 것 같아 우울할 때도 있었던 것 같다.

오늘도 마주한 어머니의 모습에서 연민을 느끼며, 부모님이 겪은 어려움을 이해하지 못하고 지내 왔던 지난날들이 다소 나를 후회하게 만들기도 한다.

부모와 자식 간의 가치관 차이, 또한 세대 차이가 원인이었을까 곰곰이 생각해 보지만, 어쩌면 사회생활을 하면서 내 위주로 나만을 위한 자아실현에 집중하고 사회적 성공에만 몰두하여, 부모님에 대한 의무를 등한시한 "불효한 삶"을 살아왔던 것 같다.

때로는 부모님의 기대에 미치지 못했다는 죄책감과 자아에 대한 의문을 가지면서, 결국 나 자신도 감정적 고립 속에서 부모님과의 원만한 관계 회복을 하지 못하고 살아온 건 아닌지 뒤돌아보는 시간이다.

분명 "불효한 삶"을 살아온 자체도 힘든 일이었지만, 거기에서 벗어나 정상회복을 위한 미미했던 노력의 시간들은 내가 부모님의 진심을 깨닫게 하는 부끄러운 시간이기도 하다.

우선 나의 삶을 반성해 보고, 부모님의 삶에 조금 더 관심을 기울이며 부모님의 가치와 삶을 인정해 나가는 노력을 통해, 진정한 효도가 무엇인지 느끼는 시간을 가져 보고 싶다.

 오늘도 효도는 생각을 넘어 실천하는 것이라는 당연한 진리를 깨달으며, 부모님과 서로 이해하고 존중하는 깊은 사랑을 나눠 가는 값진 하루가 되길 기도해 본다.

가냘픈 외침

요즘 내 마음속에 자주 "가냘픈 외침"이 꿈틀대는 것을 느낀다. 무엇이라 표현하기 힘든 작은 응어리들이 고통과 슬픔, 답답함 등으로 나타나고 있는 것이다.

어떤 일이 너무 힘들기도 하고 마음속에 엉켜 있는 감정들을 제대로 표현하지 못한 채, 이러한 것들이 작은 소리에 담겨 답답하고 적막한 심신의 깊은 곳에 여울지고 있는 것 같다. 때로는 사랑하는 사람에게 바치는 "가냘픈 외침"도, 그 갈망이 다 말로 표현하기 힘든 감정의 작은 소용돌이가 되어 출렁이고 있는 듯하다.

결국 오늘도 나의 작은 외침은 애틋함이 되어 애석함을 담고 있다. 많은 사람들도 큰 시련이나 절망적 상황 속 어느 때는 커다란 외침보다 "가냘픈 외침"을 외치고 있으나, 우리는 그 안에 있는 세상을 향한 울부짖음과 희망을 찾으려는 간절한 바람을 무시해 버리고 지나치는 경우가 많다. 이러한 무관심은 또 다른 아픔을 만들어 내고, 더 나아가 작은 희망의 불씨마저 꺼 버리는 경우가 생기기도 한다.

정치적으로 어려운 시기다. 정치적인 면뿐 아니라 여기저기서 외치는 소리들이 많은데, 그중에는 이해관계를 떠나 처음의 가냘프고 미약하게 우리에게 전달해 오는 누군가의 정의로운 "가냘픈 외침"에 귀 기울이고, 그들에게 큰 힘이 될 수 있는 것이 무엇인지 고민해 보는 시간이 필요한 것 같다.

특히 주위에서 많은 사람들이 목소리를 내기 어려운 상황이 오더라도, 우리는 용기를 가지고 그 사람들이 자신의 목소리를 세상에 외칠 수 있도록 격려하고 용기를 북돋아 주어야 할 것 같다.

"이것이 옳다"고 외치는 한 사람의 작은 소리가 세상의 삶들을 움직일 수 있다는 기대 속에서, "가냘픈 외침"의 간절한 바람을 저버리지 않는 내가 되고 세상이 되었으면 한다.

53

완전한 회복

연말이 다가오면서 많은 것들에 지쳐 있다 보니, 새로운 시작을 위해 육체적 회복, 정신적 회복, 더 나아가 사회적 관계 회복 등 "완전한 회복"을 나 자신이 원하고 있다. 순간순간 지쳐 오는 모든 상황 속에서, 특히 갈등에서 오는 아픔의 반성과 욕심의 비움을 통해 치유할 수 있는 "완전한 회복"의 시간을 바라고 있다.

육체적 회복을 위해서는, 작은 질병과 과로로 인해 지친 몸은 신체의 피로를 풀고 충분한 휴식을 가지며, 올바른 식사, 가벼운 운동치료 등을 통해서 체내의 과부하 상태를 부드럽게 치유해야 하지 않을까.

정신적 회복 또한 스트레스, 우울증, 불안 등에서 벗어나기 위해 나의 자아를 돌아보고 나의 감정도 어루만지며, 누군가에게 심리적 지원을 받는 것도 필요할 것으로 보인다. 더 나아가 과거의 아픈 기억을 받아들이면서 용서하고, 이를 통해 새로운 자아를 찾아가는 것도 중요할 것이라는 바람이기도 하다.

특히 사회적 관계 회복은 정서적 회복을 통해, 주위 사람과의 갈등, 상실감, 배신감, 외로움에서 벗어나고, 다른 사람과의 원만한 관계를 유지함으로써 과거의 상처를 치유하는 시간을 갖기 원한다. 이별 후일지라도 지난 감정을 정리하며, 이제는 더욱 사랑하고 다시금 사랑을 믿음으로 만드는 마음을 재정립하여, 나의 자존감을 높이며 나를 "완전한 회복"으로 만들어 가는 과정을 지켜보고 싶다.

또 다른 의미의 "완전한 회복"은 "영적 회복"으로, 신앙의 가치관을 지켜 나가면서 내면의 평화를 찾고 다시금 그 속에서 나를 일으키는 힘을 얻는다면, 정말 가장 큰 회복이며 감사한 일인 것 같다.

이제부터라도 과거의 실패나 아픈 상처를 용서하고, 나를 인정하며 나의 약점을 강점으로 바꾸는 실천과정을 통해, "완전한 회복"을 추구하며 그를 위해 새로운 도전과 기회를 맞이할 준비를 시작해 본다.

54

손을 내미는 기쁨

유난히도 손을 내미는 것이 부끄러운 날이다. 내 마음과 일상이 안정이 되지 않고 어딘가에 쫓기는 듯 살다 보니, 손을 내미는 것이 그저 가식적인 모습으로 비춰지기 때문이다.

손을 내민다는 것은 누군가 어려움에 처해 있을 때, 아니면 기쁨의 표시로 손을 내밀면서 서로의 연대감을 살리는 모습이라 쉽게 생각할 수 있으나, 서로가 손을 내미는 그 깊은 마음에는 믿음이라는 강한 힘이 작용하고 있다는 생각이 들곤 한다.

분명히 믿음의 손길은 따뜻한 위로와 지지 속에서, 단순히 누군가의 부담을 덜어 주고 함께 어려움을 나누는 시간을 넘어, 스스로 자신의 소속감마저 느끼게 만드는 강한 힘을 가진 듯하다.

사랑하는 사람에게 내미는 손은 사랑과 친밀감의 자연스러운 표현이지만, 친구, 가족, 동료 등 가까운 사람과의 관계에서 내미는 손은 상호 신뢰와 애정이 담겨져 있어야 한다고 본다. 더 나아가 마주잡은 손에 힘을 주는 것은 그 자체로 두 사람 사이의 연결이 강화되고 중요한 존재라는 것을 다시금 확인하는 시간이기도 할 것이다.

"손을 내미는 기쁨"은 다른 사람만이 아닌 오늘은 나에게도 전해 주고 싶다. 나 스스로에게도 친절을 베푼다는 마음을 갖고 나를 돌아본다면, 자기 자신을 돌보고 있다는 이때의 기쁜 느낌만으로도 자기사랑과 자기존중을 얻어 낼 수 있다고 본다.

오늘도 더욱 많은 사람과 손을 맞잡으면서 강력한 긍정의 에너지를 만들어, 그 믿음과 신뢰 속에서 오는 기쁨으로 나에게도 큰 행복감을 선물하고 싶다.

두근거리는 마음

나는 항상 감정적 설렘, 긴장, 기대 혹은 불안감을 느끼는 가운데, 늘 두근거리는 가슴을 안고 살아가고 있다. 특히 어떤 변화를 앞두고 있을 때, 더 나아가 누군가를 향한 특별한 감정을 느낄 때면 더욱 그렇다.

"두근거리는 마음"은 분명 신체적 반응을 넘어, 그 순간 깊은 내면에 있는 감정의 떨림을 표현하는 것이라 볼 수 있겠다.

사랑을 처음 느낄 때, 누군가에게 첫눈에 반했을 때, 그 사람과의 만남을 기다릴 때 더욱 가슴이 뛰는 느낌이 그것이다.

어느 때는 상대방의 눈빛, 말투, 행동 하나하나에도 설레고 두근거리며, 그 사람을 향한 감정이 자꾸 커져 가고 두근거림 자체가 사랑의 시작을 알릴 때도 많았던 것 같다. 이러한 생각 속에 두근거림도 사랑의 본질적 요소가 아닌가 하는 생각이 든다.

또 다른 두근거림은 불안감 속에 감춰져 있는 느낌들이다. 새로운 일을 시작할 때, 새로운 사람을 만날 때, 새로운 환경에 놓일 때, 기대와 동시에 불안감이 교차하면서 가슴이 두근거리기도 하지만, 돌아보면 이 또한 도전과 모험을 알리는 감정반응으로, 기대감과 불확실성에 따른 불안감이 섞여 있더라도, 그 설렘은 긍정적 변화를 향한 두근거림이고 희망을 만드는 활력들일 것이다.

누군가 이야기했듯이 두근거리는 마음은 기대와 불안이 동시에 존재하는 감정으로, 중요한 결정을 내리기 전 두 가지 감정이 동시에 느껴지며, 새로운 도전에 대한 설렘과 긴장은 그 정도에 따라 실패와 성공의 밑거름이 된다고 한다.

두근거리는 마음은 분명 불안 속에서 희망을 찾으려는 마음으로, 이런 두근거림을 통해 성취와 성장을 향한 중요한 출발점으로 자리매김할 수도 있지 않을까.

오늘도 새로운 만남을 앞두고, 그 자리에서 자기 자신을 향한 두근거림을 잘 살펴본 뒤 그 자체를 성취를 향한 열망으로 키워, 나 자신의 한계를 뛰어넘는 새로운 삶의 시작을 알리는 원동력의 밑거름이 되는 만남이 되길 원하고 있다.

일상 속에서 예상치 못한 많은 순간 속에서 감동을 받으며 느끼는 두근거림, 어려웠던 상황이 해결되는 감동의 기쁨으로 느끼는 두근거림 등 이 모든 "두근거리는 마음"이 분명 나의 변화의 순간을 지속적으로 알리는 파란불이 되기를…. 그리고 특별한 순간들이 되기를….

또 다른 둘레길

내가 항상 먹던 음식, 항상 가던 길, 항상 만나던 사람만 좋아하다 보니, 다소 모험심 강한 가족들은 다른 길을 선택해야 할 때가 점점 많아지고 있다.

더욱 나이가 들면서 같은 길을 선택하고 같은 인생길들에 익숙해진 일상을 좋아하는 나와, 새로운 여정을 좋아하는 가족 속에서 삶의 방향 찾기에 다소 알력이 생기며 살아가는 시간이, 나의 "또 다른 둘레길" 선택을 고민스럽게 한다.

어쩌면 내가 기존에 경험한 길에서 오랫동안 살아왔기에, 새로운 길을 선택하는 순간 불확실성과 모험적 동반이 우려스럽게 생각되는 것은, 궤도를 벗어나 처음 길로 돌아갈 확률이 크다는 기우에서 있었던 것 같다.

가끔은 새로운 시작과 도전정신이 자기의 또 다른 발전을 만들고 성장의 기회를 만들 수 있다고 생각해 보지만, 불확실성에서 새로운 길이 안겨 줄 부담감 때문에 그 시작을 하지 못할 때가 많았던 것 같다.

오늘 나는 산행을 하면서 자연과의 조화 속에서, "또 다른 둘레길"을 자연 속에서 찾아보고 싶다는 호기심이 나의 마음을 조금씩 움직이고 있다. 많은 사람들이 자연을 통해 마음의 평화를 찾고, 자연 속에서 힐링을 경험하게 해 준다는 생각을 갖고 있듯이, 우리의 새로운 둘레길 도전도 일상에서 벗어나 자연과 함께함으로써 기쁨을 느껴 보게 되지는 않을까 하는 마음이 새삼 드는 것 같다.

단순히 이동만 하는 길이 아닌, "또 다른 둘레길"이 나에게 주는 여유와 평화는, 분명 나를 또 다른 선택이 희망이고 힐링임을 강하게 느끼게 해 주고 있기도 하다.

누군가 "또 다른 둘레길"의 선택은 과거와 현재, 미래를 연결해 주는 다리이며, 새로운 길을 걷는 동안 그 길은 과거의 경험과 연결되고, 미래에 대한 희망을, 현재의 나에게 의미 있는 시간이 될 것이라고들 한다.

 따라서 새로운 길의 시작은 다시 나를 이해하는 힘을 얻는 시간이 되고, 결국 이것을 통해 자신의 더욱 성숙한 모습을 발견할 수 있다는 생각도 가져 본다.

 "또 다른 둘레길"에서의 다양한 선택은, 분명 우리의 삶은 기존 길을 걸어가지 않아도 살아갈 수 있다는 인식을 주고 있는 것 같다.

 더 나아가 "또 다른 둘레길"은, 나를 회복과 재탄생을 할 수 있다는 삶의 모습을 오늘 산행에서 강하게 깨달으면서, 같은 길에서만 찾는 것이 아닌, 나의 새로운 길에서 더 큰 자아를 찾을 수 있음을 믿고, 변화 속에서도 온전히 살아남을 수 있는 인생 여정을 "또 다른 둘레길"이, 나에게 알려 줄 수 있음을 강하게 믿어 보는 하루가 될 것 같다.

가을의 축복 속 혼란

　가을을 느낄 때면 항상 나에게는 풍성함을 주는 선물의 계절로 생각되어 왔다. 그러나 어느 순간 그 풍성함이 또 다른 갈등을 던져 주고 있다는 생각에, 감사의 마음속이 다소 갈등과 혼란의 마음으로 바뀌어 가고 있다는 생각이 들곤 한다.

　그 혼란은 풍성함의 기쁨과 어려움의 시간이 같지 않다는 생각 때문일 것이다. 또한 원하는 수확을 만족하게 얻지 못한 데서 오는, 위축된 심리적 힘든 시간이 나를 더 쪼들리게 하고 있다는 것이다.

　우리 인생의 축복 속의 가을은 언제인가? 조용한 시간 나의 살아온 인생길을 되돌아본다. 가을처럼 아름나운 색깔을 뽐쳐 보이고 마음의 평안 속에서 많은 베풂을 나누었던, 우리 인생의 풍성한 가을은 언제였던가? 조용히 나의 살아온 인생길을 되돌아본다.

그러나 아무리 생각해도 나에게 분명한 그러한 가을은 없었던 것 같고, 춥고 어두웠던 기억만 내 머리를 혼란스럽게 만들고 있다. 내 인생에서 마주한 춥고 어두웠던 기억은, 인생에서 나눔의 미덕을 만들지 못했던 탓이었고 평화와 안정은 그저 기대였고 희망이었던 것 같다.

유난히 차 한 잔이 그리운 시간이다. 그 찻잔 속에서 따뜻한 온기라도 느끼면서 내 마음속의 풍요를 더듬어 보고 싶다. 가을이라는 풍요의 이미지가 모두 기쁨이 아님을 다시금 깨달으며, 가을이 줄 수 있는 축복의 계절인데도 나는 많은 혼란을 겪고 있다. 더 나아가 인생은 시작은 있으나 끝이 없다는 생각을 하면서, 하루하루가 시작이고 끝이 될 것이라는 막연함 속에서 나를 어느 미지의 시간 속으로 던져 본다.

거울에 비추인 삶

 항상 출근길에 마주하는 거울 속 나의 모습은 외적인 모습만 비추인다고 생각했는데, 어느 순간부터 나의 내면까지 비추는 요술쟁이 거울로 보이고 있다.

 하루의 진실된 삶을 살기 위해 준비한 나의 모습을 거울에 비춰 보면, 내면의 감정과 생각이 비추어지는데, 나 자신의 외적 모습에서 이러한 감정과 마음 상태가 어느 순간 나타나고 있음에 놀라지 않을 수 없다.

 어느 날부터인지 모르지만 거울 속에 비추인 나를 보면서, 과거에 내가 어떤 사람이었고 지금은 어떤 사람인지도 비교해 보기도 한다. 이 과정에서 나 자신의 성장을 느끼기도 하고, 후회와 반성을 통해서 또 다른 길을 선택하게 만들어 주기도 한다.

더 나아가 "거울에 비추인 삶"은 때로는 내면의 갈등과 불안을 커지게 만들기도 하지만, 그 안에서 나를 직시하므로 불안과 갈등을 해소해 나가기도 한다는 것을 깨닫기도 한다.

또 다른 사회적 기대와 자아사이의 갈등을 거울에 비추인 모습에서, 다른 사람의 시선이나 사회적 기준을 생각하면서 나를 돌아보기도 하며, 나 자신의 진정성을 찾는 시간을 갖기도 한다.

오늘도 거울 앞에서 나의 모습을 보면서, 나 자신에 대한 사랑의 수용, 인생 변화와 새로운 시작이, 미래를 향한 희망이며 도전이기를 바란다. 단순히 현재의 나를 본다는 생각, 그것에 그치지 않고 내가 가고자 하는 길을 보여 주는 요술 거울을 오늘도 나는 엄숙히 바라보면서, 새로운 미래를 조용히 설계해 본다.

지금도 설레는 마음

따스하게 비춰 오는 햇빛을 바라보면, 햇빛이 전해 주는 것 같은 소중한 설렘이 조용히 나의 마음을 일깨우고 있다.

설레는 마음은 무엇인가? 좋은 일이 일어날 것 같은 기대감이라 하지만, 기대라는 그 자체는 분명 긍정적 에너지를 나에게 심어 주고 있기도 하다는 생각이다. 따라서 이 설렘은 나 자신에 대한 미래의 희망과 긍정적 기대감으로, 자신의 삶을 주도적으로 이끌어 가는 힘을 제공해 준다고 할 수 있지 않을까.

"지금도 설레는 마음"은 새로운 사람과의 만남이나 관계의 시작 속에서도 자주 느껴지며, 첫 만남에서의 설렘은 그 사람이 나와 어떤 관계를 맺을지 모르지만, 상내방에 대한 호기심과 기대감이 설렘을 만들어 내고 있음을 느낄 수 있을 것이다.

또한 설레는 마음은 변화와 도전에 대한 열망에서도 시작된다고 한다. 변화는 언제나 불확실성과 두려움을 동반하지만, 그 변화 속에서 새로운 기회와 성취를 향한 기대에는, 설레는 마음이 꼭 동반 지속해 가고 있음을 알 수 있을 것이다.

어쩌면 설렘은 단순한 새로운 시작의 두려움이 아닌, 그 변화 속에서 성장 가능성과 새로운 경험에 대한 흥미를 더해 주어 더 큰 긍정의 설렘 효과를 얻을 수 있을 것 같기도 하다.

한편 "지금도 설레는 마음"은 과거의 기억에서도 일어날 수 있다고 본다. 오래된 친구나 사랑하는 사람과 다시 만났을 때 그때의 기억은 설렘과 기쁨 그 모습이 아니었겠는가….

이제는 설레는 마음을 나 자신과의 연결로 이어 가면서, 내가 원하는 길을 향해 나아가고 그 여정 속에서 설렘이 주는 결과의 충실함을 믿으며 살고 싶다. 현재 이 순간에 느끼는 내면의 기쁨과 아름다움 그리고 감사한 마음에, 자연과의 연결, 사랑하는 사람과의 시간, 자기 자신과의 평화를 더해 더욱 큰 설렘을 즐기리라 다짐해 본다.

60

흔들리는 가족

가족이라는 것은 우리가 살면서 가장 가까운 사람들로서 허물없는 관계라고 생각하지만, 때때로 예상치 못한 갈등이나 외부 변화로 인해 그 관계가 흔들릴 때가 많다. 나 또한 가족이라는 테두리 안에서 겪는 갈등으로 인해서 많은 상처를 안고 살았던 것 같다.

세대 간 차이, 성격 차이, 다양한 가치관, 심지어 부부 간의 불화, 형제자매 간의 경쟁이나 갈등을 떠올릴 때면, 마음 한구석에 많은 감정적 상처를 안고 살았던 것 같다. 특히 경제적 위기, 직장 문제, 건강 문제 또는 사망과 같은 변화 속에서 겪는 가정의 갈등은, 서로를 돕는 마음에서 시작되었다고 보이나 나중에는 서로를 불신하고 저주하는 일까지 빚어지곤 한다.

더 나아가 부모와 자녀 간의 세대 차이에서 겪는 갈등은 교육방식, 사회적 변화, 기술의 발전 등으로 부모와 자녀 간 가치관과 연대감을 변화시키고 멀어지게 만들기도 하는 것 같다. 부모는 자녀가 전통적 방식을 따르기를 원하고, 자녀는 자기만의 삶의 방식을 추구하려 하면서 생기는 갈등은, 결국 입장 존중과 타협 속에서도 접점을 찾지 못하고 평생 갈등으로 이어질 수도 있다고 한다.

오늘도 내 삶 속에서 독립을 추구하는 아이의 모습을 보면서, 자녀의 독립이 자립적 성장으로만 해석하여 축하만 해 줄 수 없다는 고정관념에서 새로운 갈등이 만들어지고 있음을 느끼고 있다. 구순이 넘으신 어머니의 자식을 바라보는 모습에서, 지금도 자녀에 대한 걱정 속에서 헤어나지 못함을 나 또한 그대로 느끼며 살아가고 갈등을 겪고 있는 것이다.

조용한 시간 아이와 감정적 거리를 좁히게 할 수 있는 시간을 갖고 싶다. 서로를 이해하려는 노력과 적극적인 소통을 하면서, 각자의 삶을 축하해 주고 격려하는 마음을 갖는 시간부터 만들어야겠다. 그 시간을 갖기 위해 오늘 나는 무작정 아이의 손을 잡고 여행을 떠나고 싶다. 그 속에 흔들리는 가족들이 함께한다면 더 큰 행복이 예비되지 않을까 하는 기대를 가져 본다.

빈 수레 같은 인생

모처럼 조용한 시간, 연구실에서 창밖을 바라본다. 문득 떠오르는 생각 속에 혹시 내 모습이 겉모습만 화려하고 아무것도 채워지지 않은 삶, 즉 실속 없는 삶을 살아가고 있지는 않은지 뒤돌아보는 시간을 갖는다.

빈 수레같이 큰 소리만 내면서 흔들거리고, 실제로 안에는 아무것도 담겨져 있지 않은 실속 없는 존재, 겉모습만 화려하면서 표면적 성취로만 가득 찬 삶, 어쩌면 이런 모습이 아닐까 생각하다 보니 마음속 공허함이 조용히 밀려오고 있음을 느낀다.

더 나아가 정서적 안정이나 정신적 안정이 부족함도 느껴지는 것 같다. 현대 사회는 자주 성공을 외적 지표로 생각하면서 돈, 명예, 직장 내 위치 등 표면적인 면만으로 모든 것을 측정하는 경향이 많다. 그러나 그런 외적 성공이 "내면적 성취감"이나 "자아실현"으로 이어지지 않게 되면, 빈 수레가 되어 그 삶은 공허하고 의미가 없다고들 이야기한다. 결국 외적 성공의 추구만을 통해서는 나 자신의 진정한 행복과 만족감을 찾을 수 없다는 것이 아니겠는가….

 빈 수레 같은 삶을 살지 않으려면, 물질적 성취와 외적인 성공도 중요하지만, 내면의 성취감, 정신적 안정 등 자기성장을 위해서 우리는 부단히 노력해야 한다고 본다. 더 나아가 사랑의 베풂, 인간관계, 자기계발, 삶의 의미를 생각해 보고, 그것을 위해 노력을 기울임으로써 "빈 수레 같은 인생"의 오명에서 벗어날 수 있으리라 기대도 가져 본다.

 또한 나 자신이 진실된 삶을 살아가면서, 그 안에서 깊은 만족도 느끼고 내가 진정으로 원하는 것이 무엇인지 찾아가는 긴 인생에서, "빈 수레 같은 인생"을 풍요롭고 의미 있는, 참삶으로 꽉 찬 수레로 만들어 가 보자는 다짐을 마음속 깊이 가져 본다.

희망의 시작

어느 순간 갈증이 느껴지면 물 한 모금을 기다리는 것도 희망일 수 있다는 생각이 들면서, 희망의 시작은 언제든지 내 손에 쥐어질 수도 있으나 내 손에서 멀리 떨어지게 되면, 우리는 좌절이 시작되어 나의 삶을 정말 힘들게 한다는 것을 깨닫게 된다.

어려운 상황 속에서 새로운 가능성의 긍정적 변화의 첫걸음은 희망이 자리하고 있지만, 때로는 작은 변화에서 시작되기도 하고 누군가의 한마디로 또는 큰 결단에서 시작된다는 것도 알 수 있다.

"희망의 시작"은 다시 말하면 힘든 순간에 찾아오며 큰 시련이나 어려움을 겪을 때, 그것에서 벗어나려는 의지와 노력 속에서 시작된다고 정리하기도 한다.

나 자신도 큰 실패 후 다시 일어설 결심을 하거나, 상실의 아픔 속에서 다시 사랑을 찾으려는 노력을 하면서, "희망의 시작"이 씨앗이 된 많은 경험들이 있었던 것 같다.

반대로 절망과 포기의 순간에도 희망은 존재하는 것 같다. 가장 기억에 남는 것은, 작은 저수지에 빠져서 가라앉지 않으려고 허우적거리다 도저히 벗어날 수 없다는 생각에, 모든 것을 포기하고 팔다리의 힘을 빼는 순간 오히려 내 다리가 바닥을 딛게 되는 행운이 왔던 기억은, 정말 희망이라는 것이 어느 순간 모든 것을 놓아 버렸을 경우에도 찾아와 새로운 희망과 의지가 생겨날 수 있다는 교훈을 얻기도 했던 것 같다. 정신없이 허우적거리다가 그냥 일어섰을 때 물 깊이는 내 가슴팍밖에 되지 않았던 것이다.

많은 사람들이 희망은 작은 바람과 이루고자 하는 바에 긍정적 노력이 더해질 때와, 새롭게 배우고자 하는 마음의 의지, 오랫동안 미뤄 왔던 목표를 향해 한 발자국씩 나갈 때 시작된다고 이야기하기도 한다.

더 나아가 "희망의 시작"은 혼자가 아닌 사람과의 연결과 친구,

가족, 또는 뜻이 맞는 사람과 함께 나누는 대화 속에서도 희망의 첫걸음이 시작된다고들 한다.

오늘도 모두 힘들다고 아우성인 세상 속에서 나는 어찌해야 할까 뒤돌아보면서, 희망의 시작은 나 자신을 믿고 나가는 용기에서부터 시작될 수 있다는 작은 지혜를 발견하게 되었다.

인생의 전환점에서 결정을 내려야 하는 순간, 분명 변화를 맞이하는 인생 속에서 희망의 촉매제인 '할 수 있다'는 믿음 속에서, 다시금 내 인생의 풍요로움을 위한 "희망의 시작" 걸음을 조용히 내딛고 싶다.

63

노년의 아름다움

나이가 점점 들면서 어느 순간 '나도 노년이 되면?'이라는 생각을 머릿속에 담아 가고 있다. 노년이라는 것이 단순하게 나이가 많다는 사실을 넘어, 내면의 성장, 정서적 평화, 지혜가 깊어지는 시기임에 그렇게 되기를 바라는 것은 모두의 꿈이 아닐까.

우리는 이와 같은 생각과 바람 속에서 "노년의 아름다움"은 우리 삶의 풍요로움과 깊이를 더해 가는 아름다운 시기가 되기를 기대하고 있다.

분명 노년기라는 것은 풍부한 인생 경험과 지혜를 축적한 시기라고 생각하지만, 오랜 경험과 다양한 삶의 경험들이 공감과 이해, 긍정적 변화를 이끌어내지 못하고 그 빛을 잃어 갈 때도 많은 것 같다.

노년기는 자녀들이 자립하고 자유로움과 독립성이 강조되는 시기로, 직장에서는 은퇴하여 더 이상 사회적 활동을 할 수 없을 것처럼 보이지만, 살아온 삶의 지혜와 경험은 주위에 많은 영향을 끼치며 살고 있음을 잊어서는 안 되리라 생각한다.

"노년의 아름다움"을 위해서는 인간관계를 재정립하고 상호존중과 감사의 마음을 잃지 않으며, 그동안 소홀히 했던 가족과의 시간을 더 갖는 것도 중요하다고 본다.

더 나아가 건강관리를 소홀히 하지 않고 웰빙 생활, 창작의 기회들을 가지며, 이것을 통해 창의적 에너지를 발산해 본다면, 새로운 도전이 또 다른 삶의 의미를 찾아가는 "작은 삶의 둘레길"로 이어지지 않을까 생각해 본다

오늘도 "노년의 아름다움"을 다시금 생각해 보면서 감사하는 마음, 소소한 것에도 기쁨을 느끼는 마음을 갖고, 노년의 삶을 더욱 풍요롭게 만들어 가고 싶다. 그 속에는 분명 끝으로 가는 인생이 아닌 새로운 시작과 자기 자신과의 깊은 만남의 길이 계속 이어져 "노년의 아름다움"이 영원한 빛을 발하리라 다시금 기대해 본다.

64

갈증처럼 느껴지는 마음

한 해를 마무리할 때가 되면 나는 어김없이 모든 한 해의 기억들 속에서, "갈증처럼 느껴지는 마음"을 껴안고서 뉘우치는 마음과 후회라는 단어를 떠올리곤 한다.

특히 마음속에 충만하지 않았던 많은 일들과 그 공허함, 나의 목표와 비전을 부끄럽게 만들어 버리고 있다는 생각에 더욱더 그렇다.

중간중간 "갈증처럼 느껴지는 마음"이 어느 순간엔 창조적 에너지로 변화되어, 내 갈증의 마음은 반짝이는 아이디어가 되어 변화의 필요성을 채워 가는 힘이 되지 않을까 기대해 보기도 했시만, 그 모든 것이 그서 나의 욕심이고 욕구라는 사실을 깨딜았을 땐, 부족한 내면의 나의 마음은 더 큰 후회를 만들어 내고 있었던 것이다.

 조용한 시간 거실 밖으로 보이는 십자가를 바라본다. 그동안 마음의 갈증이 상처나 트라우마를 만들어 냈지만, 멀리 보이는 십자가를 바라보며 오늘 지금만큼은 회복과 치유의 시간이 되길 빌어 본다.

 나의 감정을 다시 정화하고, 나의 결핍과 갈망을 치유함에 부족하지만 삶의 방향을 제대로 찾고 균형을 유지하는 마음을 찾을 수 있도록, 최선을 다해 나가는 한 해의 마무리가 되길 조용히 기도해 본다.

65

사랑의 외침

 수많은 사람들이 '사랑'이라는 단어를 외쳐 대지만 진정한 "사랑의 외침"은 과연 얼마나 될까. 우리가 쉽게 이야기하는 남녀 간의 사랑도, 서로 작은 오해가 생기다 보면 사랑은 메아리가 되어 사라지고, 사랑이 소멸한 그 자리에는 증오와 갈등과 고통만 남아 서로를 힘들게 하고 있다.

 분명 "사랑의 외침"은 강렬한 감정의 표현이며 폭발적 사랑을 만들어 갈 것같이 보이지만, 요즘 형식화되어 가는 "사랑의 외침"은 정말 하나의 이벤트로 전락하여, 주위의 많은 사랑하는 사람들에게 실망을 만들어 주고 있는 게 현실인 듯하다.

 사랑하는 사람에게 자신의 감정을 진심으로 표현하고 기쁨과 감동이 섞인 사랑을 수없이 고백하면서도, 언제부터인지 모르게 우리 삶은 하루살이 사랑의 모습으로 변질되어 가고 있음을 절실하게 느끼기도 한다.

정말 "사랑의 외침"은 아픔 가득한 사랑의 끝자락인 이별에 순간에서도, 그 감정의 울림은 또 다른 절절한 사랑을 표현한다고 하는데, 서로를 위한 사랑의 약속이 헌신짝 버리듯 쉽게 나타나는 현실을 보면서, 사랑의 숭고한 정신과 위대한 힘을 다시금 정립해야 함을 강하게 느끼는 하루를 보내고 있다.

영원히 사랑하겠다는 약속의 사랑, 변함없이 사랑하리라는 외침을 외쳤던 결혼식 모습을 바라본 지가 엊그제 같건만, 오늘에 와선 헤어지는 것이 서로가 영원히 살길이라 이야기하는 소리를 들을 때면, 서로를 위한 약속된 "사랑의 외침"이 유난히도 가볍고 야속해 보이기도 한다.

분명 어떤 상황에서도 사랑을 통해 희망을 찾고자 하는 마음을 잃지 않고, 더 나아가 사랑의 힘을 진심으로 믿고 서로 아껴 준다면, 또한 우리 내면에서 우러나오는 진실된 감정을 마음속 깊이 새기기만 해도, "사랑의 외침"은 감동적으로 영원히 그 "약속"을 지켜 나가게 되지 않을까 하고 조용히 묵상해 본다.

지금 살아 있는 이 순간

　나는 지금 살아 있다. 그러나 한 치 앞을 볼 수 없는 것이 나의 현실이기도 하다.

　"지금 살아 있는 이 순간"을 우리는 간과하고 그 중요성을 느끼지 못하며 살아가고 있으며, 당연히 과거처럼 오늘도 그냥 지나가고 있을 것이라는 막연한 생각만 하고 살아가는 것은 아닐까. 아니면 다가오지도 않은 미래 때문에 걱정과 고민 속으로 빠져들면서, 온전히 가질 수 있는 바로 지금의 시간을 허비해 버리는 경우도 많을 것이다.

　나 또한 어느 때부터인지 기억엔 없지만, 지금이라는 것은 미래로 가는 길이라 생각하며 터벅터벅 걸어가면서도, 이 순간의 중요성을 잊어버린 채 불만만 털어놓는 경우가 많아지고 있음을 깨닫는다. '나는 왜 이러지? 다른 사람은 아무 일도 없는데…'라는 생각이 수없이 나를 지금 괴롭히고 있는 것이다.

우리는 종종 과거를 회상하고 후회하며 다가올 미래를 걱정하며 살지만, 가장 현실적 감각으로 진지하게 생각해야 할 시간은 현재의 시간이라고 생각해 보고 싶다. 지금 이 순간 생각하고 소소한 기쁨을 느끼며 감사하는 마음, 그리고 눈앞에 펼쳐지는 일들을 성실히 수행하며 삶을 살아가는 태도, 더 나아가 지금 이 순간 더 나은 선택을 할 수 있는 새로운 출발점을 찾는 것, 이 모든 것이 감사며 기회가 아니겠는가.

사상가 톨스토이는 "현재만이 우리가 진정으로 소유할 수 있는 시간이다"라고 말하며 지금 이 순간의 중요성을 강조했고, 에크하르트 톨레는 "현재 머무는 것이 진정한 행복의 열쇠"라고 설명하며 철학 속의 진정한 현실 중요성을 보여 주기도 했다.

오늘도 하루라는 시간을 보내고 있는 "지금 살아 있는 이 순간", 나를 돌아보면서 작은 것에도 감사하고 마음의 평화를 느끼며, 한 가지 일을 할 때는 다른 생각을 내려놓는 마음을 달라고 조용히 기도해 본다.

나는 욕심쟁이

 욕심이라는 것은 인간의 본능이며, 바라는 것과 하고자 하는 의욕과 아집, 이기적인 것 등이 복합된 삶의 한 부분이라고들 이야기한다.

 욕심은 때로는 긍정적으로 작용하며, 어느 순간은 부정적으로도 비추어지지만, 우리의 삶을 더 윤택하게 하기 위한 자기 목표 달성에, 더욱 적극적으로 대처해 살아가게 하기 위한 동기가 되기도 하는 것 같다.

 "나는 욕심쟁이." 그렇다. 분명 나는 욕심쟁이다. 어릴 적부터 막내로 자라다 보니 항상 부족함이 있어서였는지, 언제나 더 많이, 더 좋은 것을 가지려고 욕심을 부렸던 것 같다. 나이가 들면서는 가장 좋은 집, 가장 멋진 차, 그리고 누구보다 화려한 삶을 꿈꾸며 살았으나, 이 모든 것도 그저 욕심이었던 것 같다.

어느 순간 의욕의 바람이 분수에 넘치는 욕심으로 바뀌면서 '조금만 더'라는 마음이 나를 지배하기 시작했으며, 그것이 주변에 점점 어떤 악영향을 미치고 있었던 기억이 떠오르는데, 그 욕심은 분명 불편한 주변관계의 형성에도 적지 않은 영향을 끼쳤던 것 같다.

이 정도면 괜찮을 것이라는 안일한 생각이었지만, 점점 사람들이 나를 경계하고 떠나려 했던 모습들에서, 분명 욕심과 그에 따른 부정적 면들이 얼마나 크게 작용했으며 나를 지배했던가를 짐작할 수 있을 것 같다.

어느 날 '나눔'을 배워 가면서, 나눔이 주는 행복과 기쁨을 깨닫는 순간, 정말 나는 세상이 달라 보이는 느낌을 갖게 되었다. 결국 나누는 것이 오히려 나의 바람을 채워 가는 원동력이 된다는 사실도 알게 된 것이다.

나눔의 목적이 크면 클수록 욕심도 커지겠지만, 그 욕심은 행복한 욕심, 감사의 욕심, 배려와 양보로 인한 미덕의 욕심, 사랑의 욕심이 아니겠는가.

오늘 나는 여행지에서 많은 사람들을 대하면서, 타인에게 배려와 양보 없는 단체여행에서 보이는, 작은 욕심과 조급함이라는 것이 주위 사람에게 어떤 영향을 미치는지 생각해 보았다.

지난날 나의 욕심을 되돌아보면서 앞으로는 단순히 한쪽만 바라보지 않는 삶의 모습을 그려 보며, 욕심을 넘어 배려와 나눔의 시간이 되는 즐거운 여행이 되길 조용히 기원해 본다.

68

첫눈이 전해 주는 이야기

겨울이 다가오면 나는 마음속에 결이 다른 작은 설렘이 시작된다. 차가운 바람 속에서도 언제부터인지 첫눈이 내리기를 기다리는 마음이 싹트고, 누군가에게 특별한 이 마음도 전해 주고 싶은 설렘이 생겨난다.

이런 마음이 들 때면 첫눈은 나에게 단순한 자연현상이 아닌, 한 사람의 마음을 전해 주는 작은 눈송이로 만든 편지지 같기도 하다.

어릴 때 첫눈의 기억은, 춥지만 따뜻하고 포근한 느낌에 마치 세상이 새로워지는 기분이 들었고, 눈송이가 내려오는 모습은 신기하고 마음이 들뜬 희열의 시간이기도 했던 것 같다. 하지만, 시간이 지나고 어른이 되어 맞는 첫눈은 풍성했던 어릴 적 마음보다, 외롭고 삶의 무게를 느끼는 그런 무거운 첫눈의 느낌으로 변해 가고 있다.

그러나 어느 겨울날, 내 앞에 우연히 나타난 그녀의 모습을 회상하면, 마치 과거 첫눈의 따스함과 부드러움이 내 마음에 다가오듯, 첫눈에 대한 설렘도 더욱 뚜렷하게 머릿속에 하나씩 떠오르는 것이었다. 순간 첫눈이라는 것이 어쩌면 내가 놓쳤던 소중한 것들을 다시 떠올리게 하는, 설렘의 전령이라는 생각이 들었다.

이제는 첫눈이 단순한 겨울의 풍경을 넘어, 누군가에게 따뜻한 마음을 전하고 특별한 의미를 심어 주는 시간으로 내 마음에 자리 잡고 있다.

더 나아가 첫눈은, 그 자체로 새로운 시각과 잃어버린 기억을 돌아보게 하는, 상징적 순간이 되기도 한다. 이번 겨울 찾아올 첫눈을 기다리면서, 나의 소중한 순간들을 다시금 떠올리며 전해 줄 아름다운 메시지도 준비해 본다.

내 삶의 우선순위

나는 오늘도 사람들의 기대에 맞추기 위해 살아가고 있다. 직장 동료, 학교 동창 친구들, 가족 모두에게 나를 보이고 싶어, 그들의 요구에 나 자신을 맞추고 조정하느라, 자주 나를 잊고 중심 잃은 삶을 살고 있다.

때로는 나에게 '내가 진짜 원하는 것이 무엇일까'라고 물으며 살았지만, 그 답은 쉽게 찾기가 힘들었고 하루하루 바쁘게만 지나가는 내 삶의 모습조차, 자세히 들여다볼 여유 없이 앞만 바라보고 살아가고 있다.

그러던 어느 날, 친구가 내게 신뢰를 저버린 큰 아픔을 준 경험을 하게 되었는데, 그 이후로 주위의 많은 사람들에게서 나에게, 사는 방법을 조금이라도 '나' 중심으로 바꿔 보라는 이야기를 들었다.

어쩌면 남도 중요하지만 내가 제일 먼저 챙겨야 할 것은, 나 자신이라는 생각이 번쩍 떠올라 그때부터 잊었던 나를 찾기 시작한 것이다.

조금씩 삶을 돌아보면서 나를 찾기 위해 자신에게 시간 주기, 스트레칭하기, 마음 정리하기 등을 실천하다 보니 하루의 우선순위가 분명 '나'로 바뀌기 시작한 것이다.

더 나아가 남의 눈치 보면서 살지 않고, 나 자신을 잃어버리지 않는 삶의 모습을 보이면서, 다른 사람들과의 관계를 소홀히 하지 않게 하다 보니, 모든 면에서 자신감이 생겼다.

이제는 'NO'라는 말도 하게 되었고, 때에 따라선 상대에게 나의 한계를 이야기하기도 하고, 개인적 취미와 휴식을 챙겨 가면서 보내는 시간도 점점 늘어 가고 있음을 깨닫게 되었다.

가장 큰 변화도 마음가짐이며, 그 속에서 나의 삶의 우선순위가 달라지고 더 이상 불안하고 초조했던 마음도 사라지면서, 마음이 평온해지고 감사하는 마음이 생겨나고 있는 것이다.

어쩌면 우리는 삶 속에서 많은 것들을 잃을 수 있지만, 나 자신을 잃지 않게 된다면 언제든지 다시 일어날 수 있다는 사실을 깨달은 것이다.

다시 말하면 다른 사람의 기대나 요구보다, 자신을 돌보는 것이 얼마나 중요한 것인지 느끼면서, 나에게 맞는 나의 삶을 찾아가는 뒤늦은 행동에 더 큰 행복과 감사를 가져 본다.

70

인생의 중요한 이야기들

　인생에서 중요한 순간들은 아주 작고, 눈에 띄지 않게 찾아온다고 한다. 그중에서 정말 중요한 이야기는, 우리의 삶을 바꾸고 자신의 방향을 잡아 주는 나침반이 되기도 한다.

　오랫동안 타인의 기대에 맞추어 살았던 나 자신을 돌아보고, 그 속에서 자신을 이해하는 지혜를 얻어 낸다는 것은, 삶의 중요한 순간이고 중요한 이야기임을 깨닫게 될 것이다.

　또한 소극적이고 내성적인 성격 탓에, 남들 앞에서 말을 잘하지 못하고 내가 좋아하는 일도 항상 남의 눈치를 보면서 포기하곤 했던 기억들은, 정말 용기 없었던 나의 인생에서 얻은 중요한 이야기이기도 하다.

그러나 어느 순간, 사랑하는 사람에게 용기를 내어 다가가 사랑을 표현하는 순간 얻었던 그 사랑의 경험은, 나 자신이 가치 있고 능력 있으며 두려움도 극복하는 방법을 깨닫게 했고, 그 작은 용기는 큰 변화를 만들어 내서 나를 몇 단계 성장시켰던 것 같다.

특히 사랑이라는 것이 단순히 상대에게 사랑받는 것으로 완전하지 않다는 것을 깨닫는 순간, 사랑은 타인에게 의존하기 전 자신을 사랑하고 존중하는 것에서 시작된다는 사실도 알게 된 것이다.

더 나아가 사랑은 다른 사람을 채우는 것이 아니라 자신을 채우는 과정이며, 그것을 알고 나니 진정한 사랑은 서로를 온전하게 이해하고 존중해야 하는 것임도 깨닫게 된 것이었다. 이 또한 중요한 이야기들 중 하나가 될 것이다.

인생의 중요한 이야기 중 또 하나는 시간의 소중함이라 이야기하기도 한다. 시간은 다시 돌릴 수 없는 가장 큰 자산임에도, 시간을 어떻게 쓰는지도 모르고 낭비했던 지난 순간들이, 지금 나에게 많은 후회라는 단어를 연상시키고 있기도 하다.

이렇듯 수많은 삶에서의 중요한 이야기들은, 어쩌면 순간마다 나를 변화시키고 성장시켜 온 것은 분명하지만, 인생을 더 풍요롭고 의미 있게 살아가는 과정의 열쇠가 된다면, 일상 속에서 자신이 즐길 수 있는 작은 기쁨의 소리마저도, 인생의 중요한 이야기들 중 하나가 되게 하여, 영원히 나에게 나침반과 이정표 역할을 하게 만들리라 작심해 본다.

71

지금 나는 살아 있는가

오늘따라 유난스럽게 내가 무슨 철학자가 된 것처럼, 학생들 앞에서 철학적 질문을 던져 대고 있다.

"지금 나는 살아 있는가?"
"아니, 지금 여러분은 살아 있는가?"
"단순히 신체적 기능이 원활히 돌아가고 있다는 것만으로 정말 우리는 살아 있다고 말할 수 있을까?"
나의 질문에 모두들 숨소리마저 잦아드는 느낌이다.

이 순간 살아가고 있는지를 알기 위해 누군가가 이야기한 몇 가지 질문을 던져 본다.

내가 지금 느끼고 있는 감정은 무엇인가?

지금의 감정이 기쁨, 슬픔, 만족감, 혹은 무감각함이라면 그것이 나에게 어떤 의미를 주고 있는지 생각해 보기.

지금 나는 내 삶에 참여하고 있는가?
단순히 지나가는 시간 속에서 그냥 주어지는 대로 무의미하게 살아가는 것이 아니라, 오늘의 순간을 적극적으로 활용하고 있는지.

내가 원하는 삶을 살고 있는가?
내가 현재 살아가는 삶이 내가 진정으로 원하는 삶인지, 아니면 타인의 기대나 사회적 요구에 맞추어 사는 것인지.

몸과 마음은 얼마나 서로 연결되어 있는가?
신체적으로 건강하고 감정적으로 평온한 상태에서, 몸과 마음이 연결되어 있는 자신이 살아 있다는 진한 느낌이 강하게 전해오는 경험을 하고 있는지.

나 자신의 관계는 어떤가?
나 자신과 잘 지내고 있는지, 나를 사랑하고 나의 결정을 존중하는지 생각해 보고 자신을 이해하고 돌보는 것이 중요하다는 것을 깨닫고 있는지.

 이러한 질문들에서 나는 오늘 우리 학생들과 "나는 이 순간 존재하고 있다"는 느낌을 스스로 체험하고 받아들이기를 원하고 있는 것이다.

 이제부터라도 살아 있다는 것이 단순히 생명체로서의 존재를 넘어, 내면의 깊이와 경험 속에서 하루하루가 힘들고 피곤하더라도, "내가 살아 있다"는 느낌을 항상 의식하고 우리 삶의 의미를 찾아가는 진지한 인생이 될 수 있도록, 그렇게 우리의 제자들과 더불어 살고 싶은 날이다. 사는 것같이 산다는 것을 느낄 때까지….

인생을 함께할 친구

 인생의 중요한 순간에 함께할 수 있는 사람이 있다는 것은 행복한 삶 아니겠는가. 나 또한 많은 친구들과 수많은 정을 나누며 살았고, 누구보다도 내 주위에 좋은 친구들이 많았음을 자부하면서 살았지만, 점점 나이가 들면서 하나둘씩 떠나는 친구들을 볼 때마다, 우정이라는 깊이가 얼마나 얕았던가를 실감하면서 살아가고 있다.

 손가락을 걸며 평생을 같이할 친구라고 숱하게 약속했건만, 헤어짐이 올 때면 무관심을 앞세우며 점점 주위에서 멀어지고, 어느 순간 연락마저 끊기게 되어 우린 이제 친구가 아닌, 남이 되어 버린 것 같은 삶을 각자 살아가고 있다.

 누구의 잘못도 아닌 현실의 삶이 아마 자연스럽게 함께할 친구를 헤어지게 만들면서, 소소한 시간마저도 갖지 못하며 살다 인생을 마감해 가는 모습을 볼 때면, 정말 "인생을 함께할 친구"가 과연 있는 것인가라는 의문마저 들곤 할 때가, 세월 속에서 점점 많아지고 있는 것이다.

얼마간은 우정과 의리라는 굴레에 묶여, 바쁜 시간과 고뇌의 시간도 마다않고 달려와 주었던 그 친구들이, 서로 다른 환경 속에서 긴 세월 살아가는 동안 서로를 알지 못하는 망각의 시간 속에서, 우리의 우정은 점점 식어 가고 사라져 간 것이다.

분명 친구는 즐거운 시간만 함께한 사람이 아니며, 서로를 이해하고 격려하며 인생의 모든 순간을 함께하는 소중한 존재임에도, 현실과의 괴리는 자연스럽게 서로의 인생을 분리하면서 멀어져, 이제는 다섯 손가락도 안 되는 친구들과 평생 친구가 되자며 살아가고 있는 게 현실이다.

어떤 길을 가든 우리는 언제나 서로의 삶에 존재할 수 있는 믿음이 있는 한, 언제까지 멋있는 우리의 삶을 이끌고 나갈지는 몰라도, 함께하는 우리의 삶 속에서 만큼은 아름답게 빛나는 우정의 별이 영원히 존재하기를 조용히 기도해 본다.

"인생을 함께할 친구여" 시간이 지나도 여전히 마음속에 깊이 자리하고 있는 우리들은 꼭 다시 만나게 되길….

73

나를 행복하게 해 주는 것

"나를 행복하게 해 주는 것"은 무엇일까? 나의 생각은 내 마음이 평온하고 만족스러움을 느끼는 순간이 아니겠는가 하는 것이다.

많은 사람들은 행복은 외부에서 주어지는 것이 아니라, 내가 생각하고 느끼는 바에 따라 현재의 상황을 어떻게 받아들이는가에 달려 있다고 한다. 그럼에도 불구하고 과연 나를 행복하게 해 주는 것들은 과연 어떤 것이 있을까, 오늘은 조용히 정리해 보고 싶다.

우리는 사람과의 만남도 중요하지만 때론 혼자만의 시간이 필요하며, 나 혼자서 온전히 나를 돌볼 수 있는 시간도 소중한 것이 아니겠는가. 그 시간에 나를 좋아하는 상상을 해 보고, 음악도 들고 책을 읽어 보면서, 잠시 아무것도 하지 않고 생각에 잠겨 보는 것도, 행복한 시간을 만들어 주는 것 같다. 나만의 공간에서 나를 진지하게 마주할 때 마음속 깊이 평안도 찾아오지 않을까.

하늘을 바라보거나, 바람에 몸을 맡기고 산책을 하는 순간은 마음을 치유하는 특별한 시간이다. 자연 속에서 나 자신의 걱정들을 잠시 내려놓고, 지금 내가 존재한다는 것만으로도 충분히 행복하다는 생각이 들 것 같다.

또한 가족이나 친구들과 함께하는 시간이 행복하다는 생각을 갖고 그들과 대화, 웃음, 따뜻한 포옹, 손을 맞잡는 순간을 만들면서 세상 모든 걱정을 떨쳐 버리면서 나를 행복하게 만들어 보는 생각도 해 본다.

매일 나는 작은 목표를 만들어 그것을 이뤄 가는 것도 나의 행복이라 생각하고, 이것은 내가 나를 인정하는 스스로의 보상이며 나를 행복하게 해 줄 것이다.

일상 속 작은 것들도 항상 나를 행복하게 한다. 아침에 마시는 따뜻한 커피 한잔, 좋아하는 음식을 먹을 때, 비 오는 날 창밖을 바라보는 느낌, 가까운 친구와 짧은 전화 한 통이라도 그것은 나에게 행복을 줄 것이다.

우리는 몸과 마음이 건강할 때 행복을 더욱 깊게 느낀다고 한다. 규칙적 운동을 하고 마음을 편안하게 해 주는 명상 등을 통해서, 내 몸과 마음에 균형을 맞추는 것이 필요하며, 건강이야말로 행복을 누리는 나의 중요한 기반이기도 하다.

결국 "나를 행복하게 해 주는 것"은 외부의 것들에 의존하는 것보다, 내가 나 자신에 얼마나 관심을 갖고, 작은 순간들을 즐기는지에 달려 있는 것 같다. 오늘도 조용히 창밖을 바라보며 행복은 내 마음속에 있고, 지금 이 순간이 내가 나를 얼마나 아끼고 있는지 그리고 소중히 생각하는지 돌아보면서, 지금 내 삶의 행복 온도를 한 눈금씩 올려 보도록 해야겠다.

나만의 위기

우리는 누구나 삶 속에서 각자의 위기를 경험하며 살아가고 있다. 위기가 때로는 예기치 않게 찾아오기도 하고, 나 자신이 그것을 피하려 노력하다가 오히려 더 큰 위기에 빠져들기도 했던 것 같다.

흔히들 "나만의 위기"는 내면의 갈등과 혼란 속에서 찾아온다고들 한다. 내가 무엇을 원하고 나 자신을 어떻게 이해하는지에 대한 혼란과 갈등이 위기의 시작일 수도 있어 보인다.

갈등이라는 것은 내가 살아가는 방향에 대한 의문에서 비롯되며, 특히 미래에 대한 불확실성과 두려움이 커질 때 갈등이 더 심해지는 것을 알 수 있다. 결국 '나는 무엇을 하고 싶어 하는가?', '이 길이 맞는 것일까?'와 같은 질문이 나를 괴롭히고, 마음속 갈등을 일으키며 "나만의 위기"를 만들어 내고 있다.

때로는 삶의 목표를 잃어버리는 순간 위기가 닥쳐오기도 한다. 무엇을 향해 열심히 달려가고 있다가 갑자기 목표가 보이지 않거나, 내가 가고자 하는 길에 너무 큰 장애물이 나타나면 위기에 봉착했다고 볼 수 있다.

또한 사람과의 관계에서 오는 위기도 매우 큰 영향을 주고 있으며, 이것 또한 자칫 나 자신을 잃고 더 큰 혼란과 갈등에 빠지게 할 수도 있다.

이런 숱한 위기 속에 살면서 나는 어떻게 해야 할지 뒤돌아본다. 위기는 어디에든 존재함을 인정하고, 나 자신을 받아들이며, 시간을 갖고 생각하며, 큰 변화가 두렵다면 작은 변화부터 시작하여 그 속에서 작은 성취를 모아 가면서, 조금씩 "나만의 위기"를 헤쳐 나가는 용기와 지혜가 필요한 때인 것 같다.

더 나아가 혼자 위기를 극복하기 어렵다면, 신뢰할 수 있는 사람에게 도움을 청하고, 기도하면서 차분히 살아가는 것 또한 오늘을 사는 위기 극복의 자세가 아니겠는가.

75

거꾸로 살기

"거꾸로 살기"는 말 그대로 기존의 사고방식에서 벗어나 반대 방향으로 살아 보자는 것이다.

우리가 일반적으로 생각하는 생활방식이나 삶의 순서와 다르게 살아 보자는 것으로, 새로운 시각을 열고 더 창의적이고 자유로운 삶을 살 수 있는 기회를, 또 다른 방향에서 찾아보자는 것이지, 일탈을 즐기거나 탈선하자는 것은 아니다.

어쩌면 거꾸로 사는 것이 도전적이고 불편할 수도 있지만, 그만큼 삶을 새로운 시각으로 바라볼 수 있다면 나 자신도 누군가 이야기한 몇 가지 방법에 도전해 보고 싶은 날이다.

대부분 사람들은 일정한 루틴(Routine)과 패턴(Pattern)을 가지고 살아가고 있다. 하지만 때로는 그 일상에서 벗어나 거꾸로 살기를 선택해 보는 것은 어떨지….

 매일 일하는 직장에서 고정된 시간표나 일과를 탈피해 보고, 일주일에 한 번이라도 평소 하지 않던 일을 해 보며 특별한 순간을 만들어 보는 것은 어떨지….

 현재 삶의 우선순위로 흔히 '일'이나 '성공', '돈'을 최우선으로 두며 살아가고 있지만, 가끔은 이러한 우선순위를 '가족', '사랑', '즐거움', '건강' 등으로 바꾸는 변화 속에서, 일에 대한 성과의 압박에서 벗어나 마음의 평화를 찾아보는 것 또한 어떨지….

 우리는 종종 성공과 성취를 추구하면서도 실패는 두려워하고 있다. 하지만 거꾸로 살기란 실패를 두려워하지 않고 오히려 실패에서 성장하는 자세를 배우자는 데 있다고 한다. 실패를 두려워하지 않고, 오히려 도전하고 실수하는 과정 속에서 얻는 경험이, 더 많은 성장기회를 가져온다는 사실도 믿어야 되지 않을까?

 더 나아가 두려움을 뒤집어 긍정으로 받아들이는 마음을 갖는다면, 오늘 우리의 삶은 더욱 풍요로워질 것이다.

오늘도 삶에 지친 나의 모습을 바라보며, 기존의 틀을 깨고 새로운 가능성에 도전하는 것은 때로는 불안하고 두려울 수 있지만, 그것이 바로 진정한 또 다른 나의 성장과 변화를 가져올 수 있는 길임을 믿는, 즉 새로운 시각에 경이로운 모습을 보이는 나를 보고 싶다.

다시금 기존의 규칙, 패턴을 벗어던지고 나만의 길을 찾아가는 과정 속에서, 나는 오늘도 자유와 행복을 "거꾸로 살기"에서 찾아보려 하고 있다.

76

끝이 없는 변화

우리는 하루에 오만가지 생각을 하면서 "끝이 없는 변화" 속에서 삶을 살아가고 있다. 지속적 변화 속에서 어떤 이들은 변화에 두려움을 느끼지만, 또 다른 이들은 변화를 받아들이면서 한 단계씩 성장해 나간다고 한다.

중요한 것은 변화가 끝이 없다는 사실을 인식하고, 그 속에서 어떤 선택을 하면서 나아가야 할지 찾는 것이 중요하지 않겠는가. 누군가 이야기한 내용을 살펴본다.

변화는 우리가 살아 있는 동안 자연스럽게 일어나며, 우리의 신체도 나이가 들면서 변하고, 환경도 달라지며, 사회적 기술혁신도 자연스러운 과정에서 일어난다고 한다. 이런 모든 변화는 피할 수 없는 일들로 잘 받아들이고 대처하는 방법을 찾는 것이

최선이라고들 한다.

우리 자신이 변하고 우리가 겪는 경험이나 만나는 사람들 속에서, 자아의 변화는 종종 불안하거나 혼란스러울 수 있으나, 결국 자신이 누구인지 깨닫고 이해한다면, 변화는 발전으로 이어질 수 있다고 한다.

또한 사회는 계속 발전해 가고 기술 또한 발전하면서, 이러한 것들은 사회적 규범 및 경제적 변화를 일으키며 끊임없이 우리 삶을 변화시키고 있다. 디지털 기술의 발전은 일하는 방식을 달라지게 했으며, 더 나아가 과거의 관습이나 전통에서 벗어나 새로운 시대의 요구에 맞추는 변화가 이제 필수가 된 것이다.

우리가 살면서 감정과 마음이 지속적으로 변화하면서, 그 속에서 기쁨, 슬픔, 분노, 사랑 등 다양한 감정은 시간에 따라 달라지고 있음을 느끼며 산다고들 한다. 어떤 때는 감정에 휘둘리기도 하고 또 다른 때에는 감정을 잘 조절하면서 살아간다. 마음의 변화 역시 예기치 않게 찾아오기도 하지만, 그것을 인식하고 받아들이게 되면 자기 인식을 키울 수 있는 기회가 아니겠는가.

더 나아가 수없이 많은 변화가 우리 앞에 나타나면서, 우리에게 그만한 기회와 도전의 순간을 만들어 주기도 하고, 우리의 목표와 꿈을 다시금 점검하게 하기도 한다. 기회는 우리가 준비되었을 때 온다고 한다. 따라서 계속해서 변화하는 세상에 대응하여 끊임없이 노력하고 자기계발을 꾀해야 할 것 같다.

변화가 끊임없이 일어나는 세상에서 나만의 중심을 잡는 것은, 외부의 변화에 흔들리지 않고 자기 자신을 잃지 말아야 한다는 것에서 중요한 요소다.

오늘도 자신의 목표와 신념을 잃지 않으며 변화를 긍정의 방향으로 활용한다면, 우리는 또 다른 미래를 감사로 받아들이게 될 것으로 본다. "끝이 없는 변화"는 우리 모두가 피할 수 없는 현실임을 다시금 받아들이면서, 나만의 길을 찾고 그 속에서 풍요로운 삶을 이끌어 갈 수 있는 힘을 우리 모두 길러야 하지 않을까….

실패와 성공의 이중주

　우리의 삶에서 실패와 성공은, 서로 상호작용하면서 서로를 보완하고 결과적으로 우리의 발전을 이끌어 내는 중요한 요소들과 같은 단어들이라는 생각이다.

　매일같이 이어지는 우리 삶은 두 단어의 반복 속에서, 우리의 희로애락을 만들어 내고 있으며, 이들의 상호보완 역할의 힘이 나에게도 지금까지 나를 지탱하게 만드는 또 다른 원동력이 아니었을까 싶다.

　실패는 성공의 디딤돌이라고들 한다. 성공은 목표 달성이라는 결과물이지만, 실패를 거쳐서 배운 경험들이 쌓여 만들어진 것이라고 생각한다. 특히 실패는 성공을 위해 우리가 어떤 것을 바꾸어야 하고, 수정해야 하며 진행 준비에 차질이 다시 생기지 않도록 알려 주는 피드백이라고들 한다.

개인뿐만 아니라 수많은 기업들도 시행착오 등 실패를 통해 더 나은 제품과 서비스를 만들어 내고 있으며, J. K. 롤링(Joan K. Rowling)의 해리포터 시리즈 역시 12개 출판사가 거절했던 작품이지만, 한 작은 출판사가 원고를 받아들여 해리포터 시리즈는 전 세계의 베스트셀러로 성공하게 되었다는 것을 우리들은 잘 알고 있다. 결국 끈기와 믿음을 갖고 좌절하지 않는다면 더 큰 성공을 만들어 낼 수 있다는 것을 우리에게 가르쳐 주고 있기도 하다.

결과적으로 실패와 성공은 반대되는 개념으로 보일 수 있으나 앞서 이야기한 것처럼 실패의 경험치를 디딤돌 삼아 발전방향으로 잘 활용한다면, 실패는 끝이 아니라 배움의 기회이고 성공의 밑거름이 되어, 그 노력의 결실에 따른 최종 행복으로 나타날 것이라고 본다.

오늘도 조용한 시간, 나는 무엇을 실패했고, 어떻게 성공했는가를 돌아보면서, 그 실패를 통해 무엇을 배웠는지 성공의 밑바닥에는 어떤 디딤돌이 있있는지, 그리고 또 다른 실패의 의지는 없었는지 곰곰이 생각하는 속에서, "실패와 성공의 이중주"가 단절이 아닌 삶의 긴 이야기 속에서 서로의 완성을 향하는 조화로운 상호보완 관계가 됨도 깨닫는 귀한 시간을 가져 본다.

78

폼 나게 사는 삶

　요즘같이 어지러운 세상을 살면서, 겸손함으로 내 몸을 감싸도 모자랄 것 같은 인생이지만, 그래도 한 번쯤은 폼 나게 살고 싶고 폼 나게 사는 것이 무엇인지 열망 섞인 푸념이라도 하고픈 날이다.

　"폼 나게 사는 삶"은 많은 사람들이 얘기하듯 멋지고 의미 있는 삶을 산다는 함축적인 말의 표현이지만, '폼'은 멋짐, 자신감으로 그야말로 남다르게 당당하게 살아가는 모습이 아니겠는가. "폼 나게 사는 삶"의 특징을 살펴보면….

　자신을 사랑하고 자신을 잘 돌보며 자신의 가치를 알고 살아가는 사람들일 것이다.

폼 나게 산다는 것이, 단순히 겉모습이나 물질적 성공만이 아닌 태도에서 비롯된다는 사실을 깨달아야 하며, 더 나아가 삶의 어려움을 맞이할 때 겁먹지 않고 자신감을 갖고 맞서는 사람이, '폼 나는 사람'이라고들 한다. 특히 어려운 상황에서도 합리적인 해결책을 도출하고, 주변에 에너지를 주는 사람이라는 것이기도 하다.

자신의 개성을 잃지 않고 자신만의 스타일을 유지한다는 것이다.

남들이 따라 할 수 없는 자신만의 독특한 스타일을 만들고, 언제나 남에게 매력적으로 보이게 한다는 것이기도 하다. 다른 사람 의견에 지나치게 의존하지 않으면서, 자신만의 독창적인 길을 가는 사람이기도 하다.

그 외에도 자신만의 목표와 열정을 가지고 살면서, 자신의 일이나 취미에 모든 것을 쏟는 사람들이라고 할 수 있는데, 이 모든 것들을 하나씩 정리하다 보니 '폼 나는 삶'은 자기계발에 투자, 리스크 두려워하지 않기, 진심으로 감사하는 마음 갖기 등을 실천해 나가는 것이 진정한 삶을 폼 나게 하는 것이리라 생각된다. 물론 기본적인 품격과 세련미는 스스로 갖춰야 하겠지만….

 오늘도 남들과 비교하지 않으며, 나의 방식으로 살아가면서 목표를 향해 사람과의 관계도 진심을 다해 살아간다면, 이것이야말로 나만의 '폼 나는 삶'이라 생각하며 하루하루를 열심히 살아 보자고 다짐해 본다.

아득한 그리움

나이가 한 살, 두 살 더해 가면서 나의 마음 저변(底邊)엔 풀어내기 어려운 그리움과 애틋함이 켜켜이 쌓여 있음을 더욱 느낀다. 그저 단순하게 누군가를 그리워하는 미련 같은 감정 이상의 것으로, 시간과 공간을 초월하여 언제나 계속해서 내 깊은 마음을 흔들어 깨우고야 마는 그런 애절함이다.

지나간 시간 멀리 떨어져 있던 사람이나 장소, 혹은 잃어버린 시간의 어떤 순간들이 마음에 깊이 남아, 그리움의 시간을 넘어 점점 그 기억들이 아련해지지만, 물리적 거리가 아닌 마음속에는 지난날의 추억들이 뭉쳐져 계속 살아나고 있는 것이다.

어린 시절의 고향, 떠나간 친구, 사랑했던 사람 등 시간이 흐를수록 더욱 그 존재감이 커지고 마음 깊이 그리움이 되어 밀려오고 있다.

나는 어려서 측백나무 담장 너머 사는 동갑내기 Y를 무척 좋아했던 것 같다. 그러나 그 친구가 어린 나이에 세상을 떠나면서 나에게 죽음이라는 두려움을 깊이 마음속에 심어 주고 있었다. 왜 죽음이라는 것은 모든 것을 갈라놓는 것일까? 그리고 어느 것 하나 마음 전해 주지 못하게 만들어 버리는 것일까? 회복은 없는 것일까? 어린 마음에 나에게 다가온 그 감정들이 어느덧 나이가 들다 보니, 조용히 마음 한곳에서 모든 것이 숨 쉬듯 그리워지면서 애틋하게 떠오르고 있는 것이다.

누구나 하나쯤은 있을 남모르게 감추고 혼자만 가지고 싶은 마음들일 수 있지만, 한편으론 그 애틋한 마음들이 성장기엔 성숙해진 또 다른 나의 힘이었고, 삶의 아름다움이었던 것 같다.

어딘가에 조용히 기댄 것 같은 차분한 감상적인 마음에, 금방이라도 다가와 환하게 웃어 줄 것 같은 모습도 상상하면서, 흐트러진 나의 마음의 조각들을 오늘 하나씩 맞추어 가면서, 지난 시절의 아득한 그리움을 마음껏 펼쳐 보고 싶다. 그리고 나 자신을 더 단단하게 만드는 힘으로 전환하기 위해, 잃어버릴 뻔한 그 그리운 마음들을 더욱 소중하게 어루만져 본다.

80

아름답게 다듬어 가기

 삶의 모든 순간을 세심하고 신중하게 만들어 간다는 것은, 자기 자신 삶의 방향을 더 나은 방향으로 끊임없이 다듬어 가는 것이라고 많은 사람들은 이야기한다. 다듬는 것이 외적인 아름다움을 넘어 내적 성장의 성숙함을 도모한다는 것도 되지 않겠는가. 오늘도 나는 아름다운 나의 삶을 다듬기 위해 노력하는 시간을 가져 본다.

 나 자신을 아끼고 더 깊이 이해하고 부족한 면을 채워 나가며, 더 나은 사람으로 성장, 발전해 나가는 것을 계획해 본다. 더 나아가 나의 마음과 감정을 돌아보고 내가 추구하는 가치와 목표를 점검해 보는 시간도 가져 본다. 또한 내 자아를 발전시키기 위해 필요한 습관을 기르고, 성격이나 태도도 긍정적으로 변화시켜 나가기로 다짐해 본다.

매일매일 작은 경험과 선택을 통해 이루어지는 좋은 경험들을 모아, 그것을 통해 나 자신을 더 깊이 이해하고 삶의 의미를 다시금 찾는 시간을 가져 본다. 다시 말해 과거의 실수와 성공을 돌아보고 그것을 통해 무엇을 배울지 고민하면서, 현재의 경험을 진지하게 여기며 순간순간의 상황도 소중히 대하는 태도가 필요하다는 것이다.

사람과의 관계에서 서로를 존중하고 배려하는 마음을 갖는 것이 중요하며, 그것에는 소통과 이해가 필요하며, 관계의 깊이를 생각하면서 서로의 부족함을 이해하는 것 또한 필요하다고 본다.

오늘 나의 삶을 "아름답게 다듬어 가기" 위해 긍정적 마음을 유지하고, 감사의 일기도 써 보며 명상의 시간도 필요한 것 같다. 더 나아가 소소한 변화도 시도해 보면서 새로운 도전과 건강한 습관도 기대해 본다. 분명 하루아침에 모든 것이 다듬어지지 않겠지만, 충분한 시간과 노력을 통해 남은 나의 여정을 아름답게 다듬는 실천의 첫걸음을 강하게 디뎌 본다. 새로운 출발을 외치며…

81

빈자리

　누군가 있었던 자리가 비어 있다는 것이, 오늘은 나에게 무척이나 큰 공허함을 느끼게 하는 날이다.

　"빈자리"는 물리적 공간이나 감정적으로 비어 있는 자리를 이야기할 수 있으나, 오늘 내가 느끼는 이 빈자리는 상실감, 공허함과 함께 믿기지 않는 현실의 차이를 반영하는, 혼란스러운 감정적 공백을 나타낸 것이라고 할 수 있다.

　오늘 나에게 전달된 친구의 죽음 소식에, 그 친구의 빈자리가 나의 마음에 무엇으로도 채워지지 않는 공간이 있음을 느꼈을 때, 나를 더욱 방황하게 만들고 있다.

　내가 가장 힘들었던 시기에 나에게 목표와 꿈을 주었던 친구다. 더군다나 나의 불확실한 미래 속에서도 하나씩 나를 희망의 자리로 이동시켜 주면서, 내 인생의 가장 큰 결정의 순간까지도 내 곁에서 지켜 주었던 친구다.

그런 친구의 "빈자리"는 내가 한 번도 경험해 보지 못했던 감정의 변화를 가져오게 했고, 순간순간 북받쳐 오르는 큰 슬픔에 무얼 해야 될지 갈피도 못 잡고 어찌할 바를 모른 채 그저 힘든 시간을 보내고 있다.

잠시도 앉아 있을 수가 없어 자꾸만 영정사진만 바라보며, 지난 시간을 돌려 보려 애써 보았지만 이미 그 지난 시간은 나에게 아주 멀리 마음에서 더 멀리 멀어지고, 큰 "빈자리"로만 슬픔이 되어 다가오고 있다. 지금 이 순간 영원히 채워질 것 같지 않은 친구의 빈자리를 마음속에 부둥켜안으며, 긴긴 시간 함께했던 그 자리가 정말 커 보인다는 것을 다시금 느끼고 있다.

빈자리가 주는 충격으로 갈팡질팡하는 가운데, 지친 영혼을 위로하는 다른 친구의 '우리의 삶도 영원하지 않다'는 작은 위로의 말을 가슴에 담고서, 먼 훗날 하늘나라에서 만날 그때는 너의 빈자리를 네가 꼭 다시 가득 채워 주기를 바란다고 소원해 보았다. 사랑한다, 친구야….

82

허세에 가려진 진실

"허세에 가려진 진실"은 어떤 상황에서 겉으로 보이는 것과, 실제 속이 다르다는 표현으로 많이들 이야기하는 것 같다.

흔히 우리들은 자신을 과시하거나 강한 모습을 보이기 위해 허세를 부려 보고들 한다. 하지만 이 허세 뒤에 가려진 진실이 숨겨져 있다는 사실을 알게 된다면, 참으로 낭패스러울 때도 많았던 것 같다. 겉으로는 자주 자신을 자랑하고 남들에게 우월하게 보이기 위해, 허세를 부리는 사람이 주위에 많이들 있다는 이야기다.

누군가에게는 허세가 진실을 숨기고 가리는 방어기제(防禦機制)로 작용될 수 있고, 사람들이 자신의 약점이나 진짜 감정을 드러내지 않기 위해 이런 허세를 부릴 때, 우리는 그 안에 숨겨진 진실을 알기 어려워 힘들어질 때가 있다고 한다. 더 나아가 자신이 어려움을 겪고 있음에도 겉으로는 모든 것이 잘되는 것처럼 행동한다면, 더더욱 우리는 그의 진실을 파악하지 못하여 더 큰 낭패를 겪게 된다는 것이다.

허세를 부리는 사람은 종종 자신의 진짜 모습에, 점점 불안해지고 두려워 자신을 제대로 인식하지 못하여서, 급기야 남들 앞에 자신을 다르게 인식시키려고, 이 같은 과장되거나 가식적인 허세를 부린다고 이야기하는 사람들도 있다. 오늘도 이 허세와 진실을 마주하면서 어떤 것이 좀 더 솔직담백한 진실의 과정으로 이끌고 가게 될지 조용히 생각하는 시간을 가져 본다.

허세에 가려진 진실을 마주하는 것은, 먼저 자신에게 솔직해지는 것이 필요하다고 한다. 자신이 허세를 부리고 있음을 스스로 인정하고 그 이유가 무엇인지 생각해 보면서 분명 자신에게 진솔해지면, 그 순간부터 다른 사람의 허세도 좀 더 잘 구별할 수 있다고 한다.

허세에 가려진 진실을 인정하고 부끄럽지 않음을 이해하면서, 타인에 대한 깊은 존중의 마음을 가지며 각자의 사정을 이해하려는 노력이 중요할 것으로 보인다.

　허세 뒤에 숨겨진 진실을 찾아내는 것은 한 사람의 내면을 이해하려는 깊은 노력이라고 한다. 허세를 드러내는 사람에게 그 사람이 진실을 마주하고 받아들이도록 도와주는 것 또한 중요하지 않을까. 다시 말해 자신의 진심을 드러내기 어려워하는 사람에게, 신뢰를 주고 또한 기회를 주어 그 사람이 자연스럽게 진실을 털어놓을 수 있도록 격려하는 것이 필요하다는 것이다.

　"허세에 가려진 진실"은 우리 모두가 때때로 경험하는 감정들이다. 자신의 내면을 숨기고 겉으로 강한 척 보이려는 모습을 보면서, 더 큰 배척보다 이해하려는 노력 속에서 좀 더 나의 진실된 면과 솔직함을 서로 마주해 준다면, 그 과정 속에서 분명 허세의 본질은 또 다른 성장을 가져다주는 깊은 교훈으로 남겨지지 않을까 조용히 기대해 본다.

타인을 의식하는 삶

우리는 살아가면서 공동체 생활 속에서 많은 사람을 의식하면서 살아간다고 한다. 다른 사람의 기대와 시선, 그리고 어떻게 생각할지에 대해 지나치게 신경을 쓰면서 살아간다는 생각이다. 타인에 대한 의식은 사람들과의 관계에서 자연스럽게 발생할 수 있지만, 그 정도가 지나치게 되면 스트레스, 불안 등으로 이어지며 스스로 많은 문제를 만들어 낼 수도 있다는 것이다. 타인을 의식하는 삶에서 장단점을 이야기하고자 한다.

장점을 살펴보면 타인의 삶을 의식하면서, 다른 사람들과의 관계를 원만하게 소통하고 협력하는 마음을 갖게 된다는 것이다. 다시 말해 사회적 규범이나 기대를 의식하면 사회적 갈등을 줄일 수 있고, 협력을 이끌어 낼 수 있다는 이야기다. 직장에서 동료들의 감정을 고려하고 가족 내에서 조화를 이루기 위해, 상대방의 입장을 생각하는 것 등이 아니겠는가.

 다른 사람의 기대하는 바를 의식함으로써, 스스로 더 나은 사람으로 성장할 수 있는 동기를 가질 수 있으며, 이런 의식은 목표를 설정하고 사회적 책임을 다하는 데 도움을 준다는 것이다.

 타인을 의식한다는 것은 종종 예의와 배려로 이어지면서, 사람들이 서로를 의식하고 배려하면서 존중하고 존중받는 관계가 형성된다는 것이다.

 단점을 본다면 지나치게 타인의 시선과 기대를 의식하면, 자기 자신을 잃고 타인의 기준에 자신을 맞추기 위해 살게 되는 주체성 없는 삶이 되는 것이다. 이러한 것은 자신이 정말 원하는 것과 중요하게 여기는 것에 점점 무감각해질 수도 있다는 것이다.

 다른 사람의 시선을 지나치게 의식하다 보면 항상 그들이 어떻게 생각할지에 대한 불안감이 커지면서, 이러한 불안은 스트레스를 유발하고 자기 자신에 대한 의심을 만들어 낼 수 있고 소심해지는 것이다.

우리는 지나친 타인을 의식하는 삶에서 벗어나기 위해서는, 먼저 자기 자신을 이해하고 받아들이면서, 자신이 진정 원하는 것이 무엇인지 발견하여 그것에 맞춰 살아가는 것이 중요하다고 한다.

또한 타인의 시선 중에서, 어떤 누가 어떻게 생각할지에 대한 두려운 마음을 내려놓는 연습도 필요해 보인다. 더 나아가 다른 사람과의 비교하려는 마음에서 벗어나기 위해, 자신만의 실력 배양과 뚜렷한 목표를 설정하고 그것에 매진하는 모습을 보이는 것은 어떨지….

결과적으로 타인을 의식하는 것은 전혀 나쁜 것은 아니라는 생각이다. 앞서 많은 장점에서 보듯이 타인과의 관계에서, 존중하고 배려하는 마음을 갖고 지나치게 의식하지 않는 조화된 생활 균형을 유지한다면, 오늘을 살아가면서 누구나 겪게 되는 타인과의 삶이 또 다른 나의 자아 발전에 도움이 되며, 자신의 길을 꿋꿋하게 걸어가는 데 많은 도움이 되리라 기대해 본다.

천천히 걷는 인생

　현대사회에서 흔히 겪는, 빠른 속도와 경쟁적 삶의 현실에서 벗어나, 느리고 여유 있는 속도로 살아가되 매 순간순간을 소중히 여기는 진정한 삶의 행위는 어떨는지…. "천천히 걷는 인생"의 의미를 조용히 생각해 보는 날이다.

　"천천히 걷는 인생"은 종종 '이 순간'을 의미 있게 살아가자는 것으로, 미래에 대한 걱정이나 과거의 후회에 매몰되기 쉬운 현실에서 천천히 걷는 삶은, 현재에 집중하고 매순간 충실히 살자는 것이라고들 이야기한다. 빠르게 진행되는 일상 속에서 우리는 종종 자신을 잃어버리는 경우가 많다. 천천히 걷는 삶은 자신과의 소통을 통해, 내가 진정으로 원하는 것이 무엇인지 내 마음속의 감정을 다시금 돌아본다는 것이기도 하다.

특히 '노자 도덕경' 중에는 목표를 향한 꾸준한 노력과 인내, 그리고 현실적이고 실용적 접근을 강조하며 작은 걸음이라도 꾸준히 나가는 것이 필요하다는 구절이 있다. 빠르게 걷는 것이 정답이 아닌 천천히 걸으며 하나씩 차근차근하게 목표를 향해 나가는 것이 중요하다는 것이 아니겠는가. 이는 속도보다 과정에 가치를 두고 끝까지 포기하지 않으며 꾸준히 나가는 삶의 방식이라는 것이기도 하다. 더 나아가 천천히 걷는 인생은 자연의 리듬을 따른다는 이야기도 있다. 자연은 급하게 달려가지 않지만, 그 자체로 완벽하게 흐르고 있기 때문이라는 생각이다.

우리도 마찬가지 아니겠는가? 자신만의 속도와 리듬을 찾으며 살아가는 것, 오늘 하루만큼은 자연 속에서 시간을 보내며 바람, 꽃, 새소리 등을 천천히 보고, 듣고, 느끼며 걸어 보는 것은 어떨지….

천천히 걷는 인생, 하루하루 급하게 사는 것에서 벗어나 긴 호흡을 해 보고, 큰 그림도 그려 보고, 급하게 이루어지지 않는 일들을 차근차근 원인도 알아 가면서, 다시금 천천히 또 천천히 걷고 싶다.

진정한 용기 있는 자의 삶

 "진정한 용기 있는 자의 삶"은 단순히 위험을 무릅쓰거나 겁 없이 행동하는 것이 아니라, 마음속에 두려움과 어려움이 닥치게 되더라도 그것을 극복하는 용기와 힘을 바탕으로, 슬기롭게 살아가는 삶이라고들 이야기한다.

 우리 삶에서 진정한 용기는 밖으로 나타나는 도전에서만 나타나는 것이 아닌, 내적 갈등과 고통 속에서도 자신이 지혜롭게 해결하여 스스로 이끌어 가는 것을 말한다고 할 수 있다.

 진정한 용기는 앞서 이야기한 것처럼, 외부에서 오는 도전보다 자신과의 싸움에서 발휘된다고 한다. 자신에게 닥쳐온 두려움, 불만, 자아에 대한 의문에 부딪히게 되었을 때 그것을 이겨 내는 것이 진정한 용기라는 생각이다. 때로는 자신을 의심하고 실패를 두려워하지만, 그런 감정을 냉정하게 직시하고 극복하려는 적극적 태도, 또한 "진정한 용기 있는 자의 삶"이 아니겠는가.

　때로는 고통스러운 결정을 해야 할 때, 다른 사람들이 원하고 기대하는 대로 살기보다, 자신이 옳다고 생각하는 길을 선택하는 것이 진정한 용기라고 한다. 이는 타인의 기대나 사회적 규범을 따르기보다, 다소 고통스러울지라도 어느 때는 자신만의 신념과 가치에 따른 선택도 필요하다는 의미라고 할 수 있다. 다시 말해 사회의 압력이나 가족의 기대를 뛰어넘어 자신이 진정으로 원하는 길을 가 보라는 것이기도 하다.

　분명 용기 있는 사람은 실패를 두려워하지 않고, 시행착오가 있더라도 경험으로 삼으며 오히려 그를 성장의 기회로 바꿀 수 있는 능력을 가진 자를 말한다. 실패가 두렵다면 그 무엇에도 도전할 수 없으므로 실패를 통한 배움의 자세를 갖는 것, 또한 "진정한 용기 있는 자의 삶"이라 할 수 있다.

　진정한 용기는 자신만을 위한 것이 아니라, 타인을 돕기 위해 자신을 희생하는 것을 이야기하기도 한다. 내 자신의 안락함을 뒤로하고 다른 사람을 위해 손을 내밀 때, 그 순간 위험이 닥치더라도 이것을 감수하려는 자세가 진정한 용기라는 것이다.

  진정한 용기 있는 사람은 자신에게 솔직하며, 세상의 진실을 받아들이며 폭넓게 살아가는 것이라고들 이야기한다. 현실 속에서 불편한 진실이나 거부하고 싶은 사실을 직시하면서, 그것을 마주할 때 이겨 나가는 내면의 강인함이 있어야 한다는 것이기도 하다. 즉 어려운 진실을 받아들이고 자신의 약점이나 부족함을 인정하면서 모든 것을 극복해 나가는 용기가 진정한 용기가 아니겠는가.

  "진정한 용기 있는 자의 삶"은 언제나 외적 도전뿐 아니라, 자기 자신과의 싸움에서 시작된 것들을 이겨 내고, 자신의 신념과 가치를 어려운 가운데서도 하나씩 쌓아 가면서, 진정한 평화와 자유를 찾는 것이라고 누군가 이야기했다.

  오늘도 늦은 밤 조용함 속에서 나의 "진정한 용기 있는 삶"을 하나씩 꿈꾸어 본다. 나의 확신과 신념 그리고 인내와 끈기를 통해서 더 큰 용기 있는 삶을 살아 보리라 다시금 다짐해 본다.

기쁨과 감사

 기쁨과 감사를 나누는 날이다. 어둡던 마음을 빛 가운데 활짝 열어젖히고 나눔을 시작해 본다.

 가을이라는 축복의 시간이 매년 내 곁에 다가왔지만, 무감각한 세월 속에 퇴색되어 묻힌 채, 쳇바퀴로 변해 버린 듯 안일한 틀 속에 갇혀 있다.

 그런 중 오늘은 감사와 기쁨이 현실과 미래의 희망이 되어 고개를 내미는 듯하다. 주위를 돌아보면 수없이 많은 감사가 있건만, 나 또한 느끼지 못하고 바라만 보다가 표현 한 번 못 하고 지나쳐 버린 세월을, 오늘은 손아귀에 꼭 잡아 본다.

 높은 하늘을 바라보며, 하늘이 주신 또 다른 기쁨에 마음이 뒤

흔들린다. 저 높은 하늘만큼 사랑하고 감사하며 기쁨을 누리고 살아갈 수 있을까? 스스로 자문도 해 본다.

그런데 분명 나는 그만큼은 아니라도 내가 할 수 있는 것만큼을 사랑하고 감사하며 살고 있다. 내 손에 없다는 것이 모든 것을 잃어버린 것이 아닌, 줄 수 있는 것만큼은 항상 움켜쥘 수 있다는 생각 하나만으로도, 나는 지금 귀한 사랑과 감사의 아름다움을 보고 있는 것이다.

바람이 불고 눈비가 오더라도 그 속에서 우리는 다른 나를 찾아본다면, 감사와 기쁨 그리고 사랑을 만날 수 있지 않을까…. 이제는 이런 기쁨과 감사를 나누는 날이, 특별한 어느 날이 아닌 매일 나에게 주어지는 연속의 날이라는 사실을 깨달으며, 내일의 감사도 조용히 그려 본다.

지혜의 아름다움

"지혜의 아름다움"은 사람의 지적인 능력을 넘어서, 삶의 깊이를 이해하고 그 안에서 의미와 가치를 쌓아 가는 과정을 통해, 옳고 그름을 실생활에 슬기롭게 발휘하는 모습에서 "지혜의 아름다움"을 볼 수 있다고들 한다.

지혜는 경험과 학습을 통해서 쌓이게 되며, 그 자체로 삶의 질을 높이고 사람들을 화합시키는 힘을 가지고 있기도 하다. 지혜는 지식의 축적에만 의의가 있는 것이 아니며, 사물의 이치를 깨닫고 정확하게 처리하는 정신적 능력을 어떻게 활용하고, 그것이 사람과 사람 사이를 또한 세상에 어떤 긍정적인 영향을 미치는가에서 진정한 아름다움이 나온다고도 한다.

"지혜의 아름다움"은 삶의 균형을 찾는 과정에서도 그 의미가 크다고도 말한다. 일상에서의 갈등, 어려움, 도전 속에서도 자기 자신을 잃지 않고, 균형 잡힌 시각으로 상황들을 바라보며 올바른 선택을 할 수 있는 능력을 발휘할 때, 그것은 참지혜에서 나오는 것들이기도 하다.

 이런 균형 잡힌 삶의 내면에서 안정과 화합을 동시에 이루기도 한다. 누군가 지혜는 단순히 자신을 아는 것에서 끝나는 것이 아니라, 타인을 이해하고 존중하는 능력에서 나타난다고 이야기하기도 한다.

 다른 사람의 관점과 감정을 이해하고 그들의 입장에서 현실을 바라보는 능력은 사람들과의 갈등을 줄이고 더 깊은 관계로 만들어 가는 데 큰 도움을 주는 것이 아니겠는가….

 더 나아가 "지혜의 아름다움"은 겸손함 속에서 자신을 끊임없이 돌아보고, 과거의 경험에서 배우는 자세에서도 더 큰 아름다움을 찾기도 한다. 우리는 실수와 실패를 통해 삶을 배우며 그것들이 다시금 나를 바로 서게 하고, 이것들이 모여 나의 능력과 지혜를 하나씩 더해 주고 있기도 하는 것 같다.

진정한 지혜는 소박한 기쁨에 만족을 느끼는 데 있다고들 이야기하기도 하는데, 지나치게 큰 욕심이나 외적인 성공만 추구하는 것은 현재의 순간을 더 어렵게 하기도 한다.

더 큰 지혜는 온전한 실천에 있는 것이며, 내외를 막론하고 용서를 통한 치유의 힘이라는 생각도 든다. 타인의 실수를 용서하고 자신도 용서할 수 있는 마음을 가지고, 사람과 사람 사이의 관계와 갈등을 해결하는 것 또한 실천하는 행동이 따를 때 진정한 "지혜의 아름다움"이라는 생각이기도 하다.

지혜를 단순하게 책에서만 얻을 수 있다는 생각보다, 경험을 통해 함께 배우는 점에서 큰 가치를 더해 주리라고도 믿는다. 오늘도 지혜라는 허울을 쓴 잔꾀와 꼼수의 수많은 지식의 홍수에, 그저 따라가지 말고 진정한 "지혜의 아름다움"을 삶에서 발견하고, 내가 가진 지식을 실생활에 어떻게 적절히 적용할지 고민하는 하루를 보내 본다.

종착역

"인생의 종착역"으로 간다는 것은 서글픈 일이다.

종착역이라는 것은 출발점이자 마지막 도착점이기도 하기에, 이별의 슬픔과 만남의 기쁨이 공존하는 장소이며, 출발의 희망과 두근거림 그리고 도착의 안도감과 쉼이 있음을 느낄 수 있는 장소이기도 하다.

그러나 "인생의 종착역"은 출발이 없는 마지막이라는 것만 남은 생각 속에, 슬픔과 아쉬움이 있어 서글프고 비통하기만 하다. 가끔은 호상(好喪)이라 불리는 남은 자들의 평도 있긴 하지만….

분명 우리는 각자 삶에 종착역이 있는데도 불구하고, 살아가는 긴 여정 동안 당면한 현실에서 많은 욕심을 부리며 주위를 힘들게도 하고, 수없는 고통과 고뇌를 함께 하며 살아가고 있는 것 같다. 오늘도 수많은 사람이 삶을 이별하며 한 줌밖에 안 되는 재를 남기면서 사라지지만, 분명 나 자신도 저 재가 되리라는 것은 추호(秋毫)도 생각지 못하고, 먼 산 바라보듯 지나치며 살아가는 우리 인생을 보면 참으로 허탈감마저 들게 한다.

조금은 늦은 저녁 시간 지인의 장례식장을 찾아 조문을 마치고 나서려는데, 주위의 나이 지긋하신 할머니 소리가 들려온다. "저렇게 허무하게 가는 것을 왜 이리도 모질게 살았는지…. 누구 좋으라고 저렇게 힘들게 살다가 돌아가셨노…" 자조 섞인 이야기를 들으면서, 다시금 우리는 누구를 위해서 사는지를 나 또한 돌아보는 시간이었다.

어느 것 하나 자신을 위해 제대로 써 보지도 못하고 세상을 떠나는, 마음 아픈 우리의 가장들을 떠올리다 보니 유난히 오늘 나의 모습도 궁상맞기까지 하다. 나 역시 제대로 된 옷 한 벌 마련하지 못하고 살아온 것 같고, 많이 부족하지만 큰소리치며 "나름 열심히 살았다고" 자신 있게 소리쳐 보지도 못한 현실이, 차가운 밤공기와 함께 더욱 내 마음을 초라하게 만들고 있는 것 같다.

"세상사 내버리며 근심과 원망 잘라 버리라"는 말을 숱하게 들어 오면서 살아가지만, 이제는 그 소리도 메아리가 되어 사라져 버리는 것 같다. 숱한 인생의 종착역을 오늘도 나 홀로 회상해 보지만, 답 없는 인생의 삶을 돌아본다는 것이 그저 넋두리가 되어 어디론가 나를 이끌고 가는 것 같다.

이런저런 생각에서 벗어나 잠시 찬바람을 맞으며 정신을 차려 본다. 그래도 나를 매일 기다리시는 늙으신 어머니가 떠오르는 가운데, 움직이던 차량은 어느덧 집 앞에서 머뭇거리고 있다. 미구(未久)에 다가올 어머니의 종착역은 어떠할지, 어머니를 위해서는 나는 어떻게 해야 할지, 그리고 나의 종착역을 위해서는 어떻게 해야 할지를 다소는 무겁게 곰곰이 생각하며, 조용히 기도의 시간을 가져 본다.